放課後等デイサービスの豊かなあそびと発達支援
個別支援の充実と地域での自立に向けて

亀井 智泉 編集

中央法規

はじめに

　令和3年10月、厚生労働省の「障害児通所支援の在り方に関する検討会報告書」が取りまとめられました。

　ここでは、放課後等デイサービスが大幅に増えていることが指摘されています。社会保障給付費の伸びは、令和元年度には平成26年度の3.2倍になっており、事業所数を見ても、平成26年度の5,815から、令和元年度には14,465に増えています（財務省総括調査票による）。これは、「発達障害の認知の社会的広がりや女性の就労率の上昇が背景」ともいわれています。

　私たち、「厚生労働科学研究費補助金（障害者政策総合研究事業）障害児支援事業所における医療的ケア児等支援人材育成プログラムの開発」の研究班では、平成30年度から令和元年度にかけて、放課後等デイサービスを中心とする障害児通所支援事業所にお邪魔したり、支援状況の調査を行ったりして、そこで直接支援に携わる人達が、支援力を身につけ、向上させるために必要なことを明らかにする取り組みを行いました。

　たくさんの事業所で、いろいろな特性、個性のあるこども達と会い、一緒に遊んだり話をしたりしていると、障がいとは何だろう、この子にとっての生きにくさはどこから来るのだろう、と思うことがしばしばありました。学習についていけない、学校行事に意欲がわかない、友人関係がこじれる…。こども達がぶつかる壁や周りとの軋轢は、その子の心身の状態がほかの多くのこども達とは違うだけではなく、その年齢や発達段階ならではのものもあります。

　こどもがこども時代を楽しんで生き、育つために、私たち大人はどう関わればよいのでしょうか。障がいや特性があっても楽しく生きるために、どんな手助けがあればいいのでしょうか。その答えを探して、障がいとは何かを考え、こども時代ならではの喜びはどこにあるのかをさぐりました。

　こたえは「あそび」の中にありました。

　心の底から楽しんであそぶとき、こどもは全身全霊で「今」に打ち込み、新たな感覚、新たな経験からたくさんのことを学び取り、育っています。その子が今いちばん欲しているのはどんなあそびなのか。そのあそびをするためにはどんな工夫をしてあげればよいのか。そのためにはこどもをよく知り、よく理解したうえであそびを生み出し、あそびに打ち込める環境や姿勢をつくってあげることも欠かせません。

　あそびの中でこどもは育ちます。あそびを最も豊かに用意できる時間、それが放課後です。

　障がいがあってもなくてもこどもはこども。地域全体でこども達の放課後を豊かにするために、放課後等デイサービス事業所がどんな役割を果たしていけばよいのか、あそびによる発達支援を、地域づくりにも広がる可能性とともに考えていきましょう。

編者　亀井智泉

第5章　本の力と発達支援 〜世界と出会う機会を作る〜

第6章　地域共生社会を作る

第7章 医療的ケアや体を理解する ～自立と尊厳を守るために～

第8章 感染症対策、災害対策、救急対応 ～安心安全のために～

第 **1** 章

放課後等デイサービスとは

① 放課後等デイサービスの概要

1. 大切な「放課後」

　放課後等デイサービスガイドライン（平成27年4月）「1　総則／（2）放課後等デイサービスの基本的役割」では、放課後等デイサービスの役割のひとつを以下のように述べています。

> **子どもの最善の利益の保障**
> 　放課後等デイサービスは、児童福祉法第6条の2の2第4項の規定に基づき、学校（幼稚園及び大学を除く。以下同じ。）に就学している障害児に、授業の終了後又は休業日に、生活能力の向上のために必要な訓練、社会との交流の促進その他の便宜を供与することとされている。
> 　放課後等デイサービスは、支援を必要とする障害のある子どもに対して、学校や家庭とは異なる時間、空間、人、体験等を通じて、個々の子どもの状況に応じた発達支援を行うことにより、子どもの最善の利益の保障と健全な育成を図るものである。

　ガイドラインにもある通り、放課後とは、「授業の終了後又は休業日」。

　放課後は、学校でもなく、家にいるときとも違う、そして、こども時代にしかもてない時間です。学校は、決められた場で、同年齢の集団で、決められた時間割によって計画的に学習活動を行うところ。一方で家庭は休息のためのプライベートな場です。

　学校と家庭の間にある放課後は、すべてのこどもにとって、地域のなかの身近な場所で、自分が主体となって、好きな仲間と、あるいは一人で、自由に過ごせるもっとも解放された時間です。こども達はここで、のびのびと冒険し、挑戦し、失敗したり成功したりする体験を通して、自分の周囲の様々な人・もの・ことと出会い、相互干渉しながら大人になるための力を身に着けていきます。そして、これはこども時代にしかできないことです。

2. 障がいのあるこどもの放課後

　こどもに障がいがあってもなくても、放課後は、学校からも家庭からも解放されて、仲間と自由に主体的に冒険したり挑戦したりできる時間です。ただ、年齢相応の理解力が育っていなかったり、感じ方に強い個性があったり、体が不自由で年齢相応に動かせなかったり、周囲との関わりが上手にできなかったりする「特性」があり、それゆえに自由に主体的に冒険したり挑戦したりすることが阻害されてしまうこども達には、なんらかの手助けが必要です。その手

助けも、その場しのぎのものではなく、そのこどもの特性や成長の道すじを理解したうえで、計画的に行われなければなりません。その手助けは、そのこどもの冒険や挑戦、活動を阻害しているものを取り去り、あるいは乗り越えていけるように、学校の先生や保護者など、周囲の人たちとも協力して行われるものです。

　地域のこども達が通う放課後児童クラブと、放課後等デイサービスの大きな違いは、一人ひとりのこどもが、その特性と発達や希望に応じて、目標と計画のある手助け、すなわち「発達支援」を受けられることです。放課後等デイサービスで発達支援を受けることで、こども達は充実した放課後を過ごし、生きる力や周囲との関係性を築く力を身につけ、伸ばしていくことができます。それは、学校や家庭での生活も充実させて、やがて社会人として地域で生きていくことにもつながります。

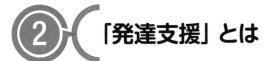

②　「発達支援」とは

1. 発達支援

　障がい児保育や特別支援教育のなかで、これまでは「療育」ということばがよく用いられてきました。「療育」は、「肢体不自由児への社会的自立に向けたチームアプローチ」という概念で生まれたものす。「このお子さんには○○という障がいがあります」と診断がつき、大人が「障がい児」と認定したこどもの「障がいの改善」「障がいの克服」のための支援を指すことが多かったようです。「こどものリハビリテーション」も、この「療育」を医学的見地から、より専門的に行うために生まれ、「療育」をサポートしつつ発展・充実してきました。「発達支援」ということばは、平成15、16年に実施された厚生労働科学研究「障がい児通園施設の機能統合に関する研究」のなかで提起されたことばで、「療育」よりもより広い意味をもつもの、とされています。

　「発達支援」の対象となるのは、医学的に障がいがある、と確定されたこどもだけではなく、発達が気になるこどもや家族丸ごとの支援が必要なこどもも含めた、「困り感」をもつこどもです。また、支援の内容も「障がい改善」「障がい克服」の努力だけではなく、保護者、きょうだいを含めた家族支援や保育園、学校等の地域機関への支援、協力も視野に入れて、本人が困り感を感じるような特性のあるこどもが、地域で育ち、生活していくうえで、その「困り感」や問題を解決していく努力のすべてです。

　厚生労働省で行われた「第3回障害児支援の在り方に関する検討会（平成26年4月14日）にて提出された全国児童発達支援協議会の「第3回障害児支援の在り方に関する検討会／「主な検討課題」への意見」には、上記のことを踏まえて、狭義の「発達支援」＝障害のある子ど

も（またはその可能性がある子ども）が自尊心や主体性を育てながら発達上の課題を達成していくための支援、「家族支援」＝障害のある子どもの育児や発達の基盤である家庭生活への支援、「地域支援」＝地域での健やかな育ちと成人期の豊かな生活を保障できる地域の変革、を包含している、とされています。

2. 家族支援としての放課後等デイサービスの役割

　自分の特性ゆえに様々な「困り感」を抱えているこどもは、とくに「手がかかる」ものです。このこども達の保護者は、そうでないこどもの保護者とは違った大変さを日々抱えています。そのため、保護者の「預かり」へのニーズは非常に大きいものです。保護者、とくに母親は、わが子が障がい児であるがゆえに、「がんばらなくちゃ」という思いが強く、こどもの困りごとや悩みを抱え込んでしまうことも多いものです。ましてや医療的な支援が必要なこどもであればなおさらです。それは、決して悪いことではありませんが、母親は保育や療育、教育の専門家ではありません。専門性が求められる支援を母親に強いてはいけません。愛情に裏打ちされた母の手によるケアを、看護のプロ、療育のプロの専門性をもってしっかり支えなければなりません。そうすることで母親は安心して「お母さん」でいられます。

ほめないで、ねぎらって〜お母さんの心の「手当て（ケア）」 Column

　「がんばってますね」とか「いつも笑顔でいて強いね」とか。お母さんをほめていませんか？

　ほめられると嬉しくて、もっとがんばれるような気持ちになることもあります。でも、ほめられることで追いつめられることもあります。「がんばれない」「疲れた」と言いたくても言えない、本当は泣きたいのに、いつも笑顔でいなければいけないような気持ちになってしまいます。

　なぜなら、お母さんは支援者に味方でいてほしいからです。マイナス評価を受けることが怖くて、「もう、無理！」「がんばれない！」と言えなくなってしまうのです。

　ほめなくてもいいから、ねぎらってください。

　「お母さんが一人で背負わなくていいように、私たちがいるんですよ」

　「私たちは支援することが仕事なのですから、私たちにいい仕事をさせてください」

　…支援のプロがそんなふうに言ってくれたらお母さんはきっと救われます。

　お母さんにしかできない本当の仕事は、祈ったり、悩んだり、愛したり、という心の仕事です。それ以外のことは、いろいろな専門職が支援して、一緒に子育てしていけるといいですね。

　また、その子の特性ゆえに「育てにくい」とされる子であれば、家族だからこそ悩みは深いものです。多くの家庭では母親が子育ての中心になっています。誰かに預けて一人の時間をもちたい、自分の楽しみ、自分の仕事、自分の友達を大切にする時間が欲しい、解決しない悩みを聞くだけでもいいから聞いてほしい…母親のその思いはなかなか表出されません。だからこそ、こどもの発達を理解している支援者は、家族、なかでも母親の話を聞き、思いをくみ取り、「味方」になってあげてほしいと思います。

　母親をはじめ保護者は、こどもを預けて「楽をしている」のではありません。こどもとは違う人格をもつ一人の人間として、こどものためだけに生きるのではない、地域の一社会人として自立して生きることも大切にしたいのです。健全な母子愛着が健全な母子分離に発展していくために、家族支援は欠かせない支援です。

③　保護者のニーズとこどものニーズ

1. 保護者のニーズ、こどものニーズ

　個々のこどもの支援をどのように組み立てていくかについて考えてみましょう。「個別支援計画」はこども本人とご家族のニーズを聞き取り、できるだけ反映させたものにしたい、と支援者は思います。ここで難しいのが、保護者のニーズとこどものニーズの双方をバランスよく適切に聞き取ることです。こども達は直接支援ニーズを語ってはくれません。相談支援専門員も、直接こどもの様子を観察してニーズを探り出すよりも、言語化される保護者のニーズに応えようとしがちです。

　支援者は保護者のニーズとこども自身のニーズを別々にとらえる力をもたねばなりません。なぜなら、保護者とこどもは、別の人格をもつ存在だからです。保護者の願いは必ずしもこども自身の願いではなく、こどもにとって(少なくとも今は)困難なことである場合もあるのです。

　例えば、お母さんのニーズも、「私(お母さん自身)に○○してほしい」というニーズと、「うちの子に△△してほしい・やらせてほしい」というニーズに分かれます。

　この、「うちの子に△△してほしい」ということが、こども自身の発達支援になるかどうかを考えて支援をつくっていかねばなりません。こどもの発達や障がい特性を考えると、今はそれは難しい、あるいは適していない、ということもあるかもしれません。お母さんの願いは願いとして、それに引きずられないように、こどもの「今」に適した支援をつくりたいものです。

　もちろん、お母さんの気持ちを否定するものではありません。お母さんに支援者として信頼してもらわねば、こどもの信頼も得ることはできません。まずは、お母さんの想いをできるだけ受け止めることも大切です。

そのためには、お母さんの話をじっくり聞きましょう。ときには「今」のことではなく、過去のこと－障がいに気づいたとき、障がいを告知されたとき、出産のときのことなどにさかのぼり、話が広がってしまうこともあるかもしれません。それは、お母さんの「お母さんとしての歩み」を語る時間です。

「よかったらメモを取らせてください」と許可を得て、キーワードを記録しながら聞くのもよいでしょう。語ることは追体験することです。それを聞くことで体験の共有に近づけます。お母さんの人となりを理解して、ねぎらうことができたら、お母さんの信頼を得ることもできます。

事 例 ▶ 1-1 「繰り上がりの計算ができるようにドリルをやらせてください」

のんちゃんは小学校３年生。地域の小学校の特別支援学級で過ごしています。ご両親は真面目な方たちで、のんちゃんも礼儀正しく、あいさつや身の回りの片づけなど、きちんとできる子です。放デイにやってきたらまず手洗い、それから学校の宿題をして、仲間とおやつの準備をして…と、指導員が声がけをすることで決まった活動するのも無理なくできています。

まだ、時計が読めないので、一日のスケジュールは時計の絵文字で示しています。知的発達はゆっくりですが、ひらがなは、小さい「つ」や「よ」も含めて上手に読めるようになり、手の指や数え棒を使えば、10までの数の足し算、引き算もできるようになりました。

３年生になったので、勉強もがんばってほしい、とお母さんは思っています。学校の担任の先生は、２年生の１学期の内容なら…と、家庭学習用に算数ドリルを用意してくれました。先日のモニタリング会議では、お母さんから、そのドリルを毎日やらせてください、と言われました。「他の子がやっているように、この子にも宿題をやらせてください」と。

でも、のんちゃんには、くり上がり、くり下がりの理解はまだまだ難しいようです。

むしろ、放デイの児童指導員は、計算よりも時計を読めるようになることを、当面の支援の目標にしたいと思っています。時計が読めるようになることで、放デイだけでなく、学校でも主体的に活動できるようになるのではないか、と思われるからです。お母さんの「他の子と同じように…」という願いをくみ取りつつ、時計を読めるようになることで、できることが増えることを説明しました。お母さんも、「時計を見て、自律的に行動することは自立のためにと

ても大切です」という児童指導員のことばに「なるほど」と納得。放デイでの個別あそびの目標を「時計を読めるようになること」としました。

④ 多様な職種とつながって

1. こどもの理解に必要な情報を集める

放課後等デイサービスに通ってくるこどもを理解し、その子にぴったりの支援をしてあげたい。そのためにはこどものいろいろな面を知る、つまり「包括的全人的に適切に把握して」（放課後等デイサービスガイドラインではこう表現されています）「アセスメント」を行い、それに基づいて個別支援計画を立てることが必要です。

こどもについての情報は、誰に聞けばよいのでしょうか。保護者にはもちろん、こどもの個性やこれまでの育ちについて、じっくりと語ってもらいましょう。相談支援専門員は、ほかのサービスの利用状況や利用の際のニーズを教えてくれるでしょう。しかし、それだけで十分でしょうか。

筆者らは、全国900か所の放課後等デイサービス・児童発達支援事業所を対象に、平成30年3月から4月にかけて、事業所を利用するこどもについて、支援者がどのような情報を必要として、それをどこから・誰から収集しているかを調査しました。

その調査では、こどものアセスメントを行ううえで必要と思う事柄は多岐にわ

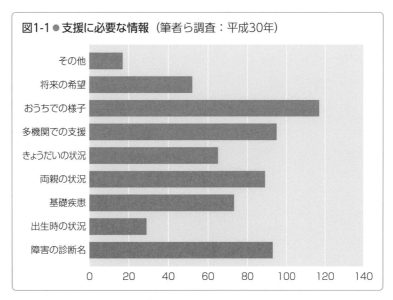

図1-1 ● 支援に必要な情報 （筆者ら調査：平成30年）

たっていました（図1-1）。とくに、家庭状況（本人のお家での様子や両親・きょうだいの状況）や、障がいの診断名、基礎疾患など、「今」の情報を必要とするところが多くなっています。

これらの情報を、どこから、あるいは誰から得ているのかも質問したところ、情報源は、家族から、というものが最も多く、次いで相談支援専門員から、という事業所が多くありました

（図1-2）。学校や他の事業所から情報収集をしている、というところも見られましたが、全体の18％程度にとどまりました。家庭の状況は、家族からの聞き取りや、相談支援専門員からの情報でわかるところも多いと思いますが、知りたいはずの障がいの診断名や基礎疾患については、医療機関から直接情報提供されているところがとても少な

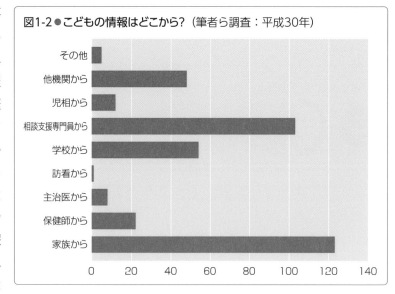

図1-2 ●こどもの情報はどこから？（筆者ら調査：平成30年）

いのが気になります。医療機関から情報を得ることは、敷居の高さもあるかもしれませんし、「病院のどこに聞けばいいのかわからない」という戸惑いもあるでしょう。しかし、小児科医の多くは、こども達が家や学校、地域でどのように過ごしているかを知りたいと思っています。それが、こども達の本来の姿であり、診療に非常に役立つ情報だからです。保護者の許可を得たうえで放課後等デイサービス（通所支援サービス事業所であることを自己紹介して）として、医療機関に情報提供を求めてみましょう。多くの病院では、地域連携の部署があります。そこには医療機関と地域をつなぐ、医療ソーシャルワーカーがいます。電話で問い合わせるよりも、文書の方が正確な情報を得られます。担当の医師宛に手紙を書いてみましょう。

　病名や障がい名以外のことで医師へ質問をする場合は、「活動で気をつけるべきことはなんですか」とか、「この病気の特性はどんなことですか」といった漠然としたものでは答える医師も困ってしまいます。「はい、いいえ」や短い文章・単語で答えられるような具体的な質問をお勧めします。心疾患のあるこどもであれば、「プールに連れていくのはとくに問題ないでしょうか」というあいまいな質問よりも、「プールに連れていきたいのですが、冷たい水や、水深が胸の高さまであるプールでも大丈夫ですか」と詳しく書きます。発達に特性のあるこどもであれば、「コミュニケーションで気をつけることはありますか」よりも「うしろから名前を呼んでも応えてくれないことがあります。耳の聞こえは心配しなくていいでしょうか」と、支援者として何を心配しているかが伝わるように問うとよいでしょう。医師の側も、地域でこどもを支援してくれている人たちの「顔が見える」ことで安心できます。

2. ヨコの情報・タテの情報

　そのこどもの特性に合わせた支援を構築するには、その子のことをより深く理解していなけ

ればなりません。その子のことを知らなければ、その子に適した環境を整えることもできません。その子の特性について、障がいや病名の診断名が出ているならば、それに特有の症状についての知識と理解が必要です。こどもの『今』を支えている、地域の他機関の他職種から情報を得ることはとても大切なことです。とくに、医療機関とはこまめに連絡を取り合うことをお勧めします。

「お医者さまに直接連絡を取るのはちょっと…」と、主治医との連携には二の足を踏む事業所も多いようですが、医療機関には「地域連携」の部署があり、そこには医療ソーシャルワーカーがいます。医療機関と地域をつなぐ役割をもつ人たちなので、遠慮なく聞いてみましょう。

また、現在、家庭や他の施設でどのように過ごしているか、学校での学習や行事、委員会活動等の内容といった今の情報【ヨコの情報】、さらにその子の好きなこと、嫌いなこと、体調が悪いときの対処法など、その子のいのちを守り、環境を整え、社会性をはぐくむために必要な基本情報を多方面から収集しておく必要があります（表 1-1 参照）。ほかの福祉サービスを利用している場合には、その事業所に聞いてみるのもよいでしょう。放課後等デイサービスや放課後児童クラブとならなおのこと、支援内容の情報交換を行い、互いの支援内容とつながるように個別支援を行うのです。こどもの『今』を支える人同士の「ヨコ」のつながりができると、支援の相乗効果が期待できます。

表 1-1 ● ヨコの情報・タテの情報の例

	情報の例	誰から（誰に）提供されるか
ヨコの情報	・他の事業所での過ごし方 ・学校行事の予定 ・学校行事の内容とめあて 　例）遠足や社会見学の行先と学習のめあて等 ・学校や放デイ等通所先の環境 　例）昇降口前のグレーチングの溝の幅がわかると、 　　　通学に使用する車いすのタイヤの幅を変更できる ・お家の食事の様子（献立の傾向や食べる量と速さ等）	事業所間でやり取り 学校から（家庭をとおして） 学校から、家庭と事業所に 医療機関（車いすの調整を行う理学療法士）へ 訪問看護師から、放デイや学校に
タテの情報	・出生時の状況 　出生の週数、出生時の体重、アプガースコア、感染や呼吸等の身体の状態 ・手術の経験の有無とその状況 ・保護者の障がいの受容の様子 ・退院してお家での子育てが始まったときの状況 ・児童発達支援事業所（センター）での支援状況 ・保育園での様子 ・学校での様子、放デイでの支援内容	医療機関（医療ソーシャルワーカーや退院支援担当看護師）から 市町村保健師や訪問看護師から 児童発達支援管理責任者や事業所の看護師から、併行通園する保育園や就学先の学校、放デイへ 保育園から、学校や放デイへ 就労先や生活介護事業所へ

さらに、放課後等デイサービスの支援は、「今」を支援し、こどもの「将来」をよりよいものにする支援です。「これまで」の歩みを知り、今を理解したうえで、こどもの「将来」を描きます。その子の出生時のこと（出生時体重、週数、アプガースコアなど）は地域自治体の保健師がよく知っているはずです。保護者の障がい受容の過程や祖父母との関係性、乳幼児期からこれまでの成長と支援の経過、障がい特性、疾患についての情報は医療機関に聞いてみましょう。さらには幼児期に受けた発達支援、保育園や幼稚園などでの様子といったこれまでの歩みの【タテの情報】（表1-1参照）があれば、こどもと家族の歩みをより深く理解できます。

3. ヨコ・タテの情報共有の事例

前述の、「ヨコの情報」「タテの情報」を集めて支援に活用している例を2つ見てみましょう。

事 例 ▶ 1-2　発達に特性があるハナエさん

保健師から

「乳児期からベビーバギーに乗るのがイヤ。1歳半健診で「発達が心配」と指摘されましたが、お家で様子を見ます、と言われていました。ことばが遅かったので、3歳児健診の後から「あそびの教室」でフォローアップを。お母さんは、お子さんの特性を理解しておられました」

保育園の担任から

「入園時から心配なお子さんでした。ことばでの会話が苦手でしたが、物の名前はすぐに覚えました。療育センターをお勧めしたのですが、お父さんが「障がい児じゃないのに」と言われて、ちょっと苦労しましたね」

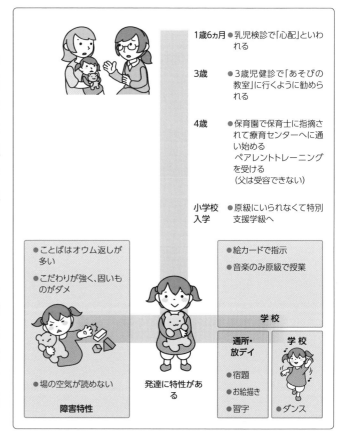

1歳6ヵ月 ●乳児検診で「心配」といわれる

3歳 ●3歳児健診で「あそびの教室」に行くように勧められる

4歳 ●保育園で保育士に指摘されて療育センターへ通い始める　ペアレントトレーニングを受ける（父は受容できない）

小学校入学 ●原級にいられなくて特別支援学級へ

●ことばはオウム返しが多い
●こだわりが強く、固いものがダメ
●場の空気が読めない
障害特性

発達に特性がある

●絵カードで指示
●音楽のみ原級で授業
学　校

通所・放デイ
●宿題
●お絵描き
●習字

学　校
●ダンス

学校の担任から

「文字も就学前から読み書きできるようになりましたが、フォントによって文字の形が違うので混乱することも。リズム感がいいので、1年生の音楽会ではカスタネットの担当。周りのほんのわずかなリズムの狂いが気になって、「違う！」と叫んでお友達を泣かせてしまいました。「ちくちくことば」よりも「ふわふわことば」を、と指導しています。」

放課後等デイサービスでは…

仲間とのコミュニケーションが「ふわふわことば」でできるように、おやつのときは上級生とペアでの係活動を促しています。また、ご家族にも、こどもに対して「違うよ！」とまちがいを指摘するのではなく、「○○してください」と、プラス志向のことばかけをお願いしています。最近は、ペアの相手と「○○してくださいな」「ありがとう」と、穏やかに協力できるようになりました。文字の形については自分で納得して覚えられるように、毛筆で大きく書く「お習字」をやってみています。先日は「いろんな"7"があるねえ」と感心したようにつぶやいていたので、多様な形への許容ができるようになったかな、と思います。

 事 例 ▶ 1-3　**13 トリソミーのマモル君**

医療機関の医療ソーシャルワーカーから

「他県で出生。容体が落ち着いたところで県内の小児専門病院に転院。在宅移行支援を経て在宅療育中です。気管切開をしてからは体調がよくなりました。てんかん発作があるので気をつけてください」

訪問看護師から

「気管切開後は体調がよく、順調に成長したので、お口（口唇口蓋裂）の手術を受けました。これで食事も少しずつお口から食べられるようになったので、ミルクを卒業。胃ろうを作ってしっかり体を大きくしていこうとしています。疲れがたまるとてんかん発作が出やすいです。学校でがんばっている分、放デイでは休息しながらあそぶといいんじゃないかな」

特別支援学校の特別支援教育コーディネーターの先生から

「入学してからは表情が豊かになり、友達の名前にもにっこりします。学校ではトランポリンで体を揺らして結構激しく遊んでます。音楽はオーケストラの響きが好きなようです」

通所リハビリの理学療法士から

「体幹を鍛えて立位でいろいろなことに挑戦するのが目標です。手指の力もつけてあげたいので、放デイではやわらかめの小麦粉粘土で遊んでほしいです」

➡ 放課後等デイサービスでは…

水曜日以外は毎日利用しています。月曜日はいろいろな色の小麦粉粘土で、色の変化を楽しみながら作品作りをしたり、なんちゃってギターを指で弾いて楽しみます。週の後半は疲れがたまっているようなので、基本的に休息の時間としています。夏休みには市民会館でのこどものためのオペラを見に行く計画を立てています。

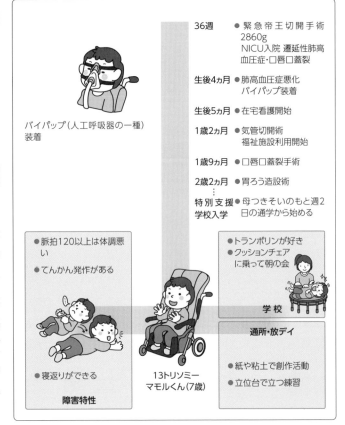

36週	● 緊急帝王切開手術 2860g NICU入院 遷延性肺高血圧症・口唇口蓋裂
生後4ヵ月	● 肺高血圧症悪化 バイパップ装着
生後5ヵ月	● 在宅看護開始
1歳2ヵ月	● 気管切開術 福祉施設利用開始
1歳9ヵ月	● 口唇口蓋裂手術
2歳2ヵ月	● 胃ろう造設術
特別支援 学校入学	● 母つきそいのもと週2日の通学から始める

バイパップ（人工呼吸器の一種）装着

● 脈拍120以上は体調悪い
● てんかん発作がある
● 寝返りができる

障害特性

13トリソミー マモルくん(7歳)

● トランポリンが好き
● クッションチェアに乗って朝の会

学校

通所・放デイ

● 紙や粘土で創作活動
● 立位台で立つ練習

4. 多職種でチームになろう

　多様な機関の多職種が、こどもと支援についての情報を持ち寄り、その子の「将来像」を共に描き、そのために、それぞれがどんな支援をすればよいのかを語り合い、役割を分かち合う。それは、そのこどものための「個別支援チーム」が構築される、ということです。「チーム」は、単にメンバーが顔見知り、というだけではなく、互いの専門性や役割を理解し合っています。また、支援の目標とこどもや家族の情報を共有しています。自分が役割を果たすうえで疑問や不安があれば、すぐに気楽に質問して、支えあい、お互いに「さすが○○さん」と尊敬し合っています。

　こどもを中心に、家族も含めて多職種のチームを作ることができれば、誰も一人ぼっちにならずに、こどもの成長と共に、支援する大人も成長していくことができます。

第 **2** 章

こどもの理解とアセスメント

①「障がい」とは

1. 活動や参加を「障害」されているこども達

　放課後等デイサービスを利用するのは学校に就学する「障害児」とされています。この「障害児」とはどんなこどものことを指すのでしょうか。

　「障害児」の一般的なイメージは、心身の機能や発達の道筋、身体構造が一般とは違うこどものこと、でしょう。したがって、「障害児」とは、歩いたり走ったり、文字を読んだり書いたり、細かい作業や言葉のやり取りなど、「健常児」ができることができないこども達のことをイメージされることが多いかもしれません。しかし、私たちが支援すべきこども達は、それだけではありません。

　多くの人と違う個性があるために、生活や学習において「やりにくさ」や「困り感」があるこどもが、支援の対象です。もちろん、下肢にマヒがあって歩行ができない、とか、眼が見えないとか、呼吸を補助するために人工呼吸器を使用している、といった身体障がいはもちろん、発達障がいや知的障がいといった、見た目にはわからない障がいのこども達が支援の対象であることは言うまでもありません。しかし、こども達が自分の特性ゆえに生活や学習においてうまくいかずに困っているとしたら、「障がいを抱えているこども」として、手助けが必要です。

　外国にルーツがあり、日本の言葉や習慣になじみがないこども。室内で靴を脱ぐ、という習慣がない文化で育ってきたこどもにとっては、室内で過ごすときの足元の心もとなさはきっと不快で落ち着かないものでしょう。慣れない食習慣に合わせなければならない、というのも、健康を左右するほどのストレスになるかもしれません。

　貧困ゆえに衣食住が満たされていないこどももそうです。手持ちの衣服が限られたものしかなければ、気温によって、あるいは時と場所に応じて衣服を調節する、という経験を持つことができず、生活の中の衣服に関する力が育ちません。その日にあるものを食べることしかできなければ、バランスの良い食事を摂る、という「食の自立」に必要な体験が積めません。

　災害や虐待が原因で、心に大きな傷を負っているこども。彼らはトラックが通る地響きや救急車のサイレンの音、男性の低い声、たばこのにおい、といった、他人には何でもないことが恐ろしくて平穏な日常生活が送れません。

　こういったこども達は、仮に心身が健康であっても、きめ細かい支援が必要です。なぜなら、彼らは自らの特性により、本来できるはずの活動を制限されているからです。こども達が活動しやすいように、特性に合わせて周囲が変わることで、こどもならではの冒険や挑戦、新たな経験を通して学び、成長することができるなら、特性に合わせた手助けが必要です。

2.「通常」と「正常」

　世の中の仕組みや、建物・道具のつくり、音や光の大きさ・強さ・明るさなどは、世の中の大多数の人が便利で過ごしやすく感じるようにつくられています。だからと言って、大多数の人が「正常」で、それでは過ごしづらく感じる人が「異常」なのか、というとそうではありません。

　大多数の人の感じ方はあくまでも「通常」です。それで特段困らない、というだけのことで、通常のありようでは困る、生活機能が低下する、と感じる人もいるでしょう。インクルーシブな社会を目指すならば、その人たちにとっても使いやすく、過ごしやすいものにできるように、環境を整える配慮が必要です。

　心身の機能や構造の違いで、活動のしづらさがあり、社会参加を制限されてしまう、そんな「生活機能」が低下した状態は、その人の周りの環境を整えることで解決できるかもしれません。

　もちろん、その人の年齢や、性別、好き嫌いや性格、といった個人的な因子もあるので環境だけ整えればよい、というわけではありません。でも、体が不自由な人、小さい人、うまく動けない人にとって活動しやすい道具や場所ならば、そうではない人達にとっても活動しやすいものです。誰もが参加しやすいインクルーシブな社会というのは、「通常」ではない少数派の人たちの声を生かして作られるものです。

事 例 ▶ 2-1　ほのかさんの「障がい」

　小学校5年生のほのかさん。生まれながらの二分脊椎の影響で最近歩行が不安定になってきました。排尿障害や感覚障害はないのですが、脚が思うように動かないので、段差のないところでも、誰かに支えてもらわないと、踏ん張りがきかなくて転んでしまうこともあります。学校でも階段は手すりを使ってゆっくり、丁寧に上ったり降りたりしています。高学年なので教室は3階にあり、合唱部の練習を行う音楽室は特別教室棟にあるので、移動が本当に大変です。

　本が大好きなので図書委員会で活動しているのですが、放課後の委員会活動も、階段をかけ降りるように行き来するほかの子どもたちに突き飛ばされないように、仲のよい委員会の仲間に支えてもらいながら、えっちらおっちらと隣の棟の2階にある図書館に移動しています。移動が大変なので、「6年生になったら合唱部はやめなきゃいけないかなあ」「委員会も、図書委員会はあきらめて、1階で活動できる給食委員会とか保健委員会とかのほうがいいかなあ」と考えるようになりました。

　ほのかさんは、本来意欲的に学校生活を楽しんでいました。でも、脚が悪い（心身の機能・

構造の喪失、異常）ために、階段の上り降りがうまくできないという「活動の制限」が起きてしまっています。そのことにより、学校の委員会活動や合唱部の活動も思うようにできなくなってしまいました。

　ほのかさんには、「社会参加の制限」が起きています。
　「障がい」とは、通常とは違う心身の機能のために通常の人が手軽にできる活動ができなかったり、活動ができないことで参加したいところに出かけることができなかったり、人の輪に入りづらかったりすることまでを含めて考えます。思うように自分の力を発揮できない、できるようになりたいのにできない、そのように生活機能が下がってしまうことまでを含めて「障がい」とします。
　ほのかさんの「障がい」は、「脚が不自由」であることだけではなく、脚が不自由だから「階段の上り降りができなくて」「委員会や部活動に思うように参加できなくて困っている」、ということすべてです。

3.「医学モデル」と「社会モデル」

　ほのかさんの「障がい」を克服して「生活機能」を向上させるにはどうしたらよいのでしょうか。
　「ほのかちゃん、手術、ってできないの？」
　そうですね。早期に手術をして、神経症状が軽くなるようにしてもらったり、さらに歩行訓練で筋力をつけたりすれば、かなり「生活機能」を向上することができます。訓練をしたり、薬を使ったりして、本人の心身の状態を通常の人の状態に近づけるのも一つの方法です。この考え方を「医学モデル」と言います。医学モデルは、医療の力を借りて本人の心身の状態、機能や構造を変えて、暮らしにくさ、生きづらさを克服しよう、ということです。ほのかさんも、冬休みの少し前に入院して、脊髄神経症状を軽くする手術を受けました。退院してからもリハビリに励み、段差のないところなら支えがなくてもしっかり歩けるようになりました。
　生活機能の向上のためのもう一つの考え方が「社会モデル」です。
　脚の機能が低下して階段や段差を上り下りすることが困難になったほのかさんが移動しやすいように、学校の段差にスロープを付けたり、エレベーターを設けたりする、というのもよい方法でしょう。実際、合唱部の活動をあきらめかけたほのかさんに、「あなたのソプラノの声がないとわが合唱部はパワーダウンしちゃう」と励ましてくれる先輩や、「下級生への絵本の読み聞かせを来年も継続してほしい」という司書教諭の先生の声の後押しもあり、学校中の段差にスロープがつけられ、春休みには階段に簡易昇降機、教室棟にエレベーターが設置されました。

　実際にスロープがついてみると、給食の配膳ワゴンの移動もスムーズですし、つまずいてけがをする児童が減りました。エレベーターは妊娠中の先生や、地区開放の日に授業参観に来てくれるお年寄りにも喜ばれています。

　このように、本人ではなく、周囲が変わることで、暮らしにくさを克服し、生活機能を向上させるという考え方を「社会モデル」といいます。その人が、本来持っている力を発揮して、年齢的・能力的にできるはずのことができるように、道具や建物や道路等の環境、支援の方法を工夫して、その人の障がいを克服して生活機能を向上させるのです。

　この社会モデルのいいところは、医学モデルとは違って、周囲の人にとっても使いやすい、暮らしやすい環境をつくることができることです。

　「医学モデル」と「社会モデル」、これらの考え方と方法はどちらが優れているということではなく、どちらも重要です。

　自分の暮らしをよりよいものにしようとする自助努力は、医学モデルとしての色合いが濃いでしょう。医師の治療や薬の処方を適切に受けられるように、周囲が支援することも大切です。同時に、社会モデルの考え方に基づき、環境を整え、道具をそろえ、周囲の人も支援したいという意識をもって関われば、障がいがある人だけではなく、生活圏を共にする家族や地域の人にとっても、より暮らしやすい環境をつくることにつながります。通常の仕組みでは暮らしにくい「少数派」を大切にすることで、周囲の「多数派」もお互いに暮らしやすくなる、一緒に活動、社会参加ができるようになる、まさに、「互助」「共助」につながる支援のあり方です。

4. ICF（国際生活機能分類）を通して「障害」を理解する

　障がい児は、「障害を持っている」のではなく、自分の特性：心身の機能や身体の構造が周囲の環境とかみ合わなくて、活動や参加が制限されているのです。活動や参加の「やりにくさ」があって「困っている」状態に置かれているのです。

ICFでは、健康状態は様々な要因によって成り立つと考えています（図2-1）。心身機能に障害があっても、環境因子がこどもの特性に合わせて変われば、彼らの「やりにくさ」が軽減され、あるい はなくなって、

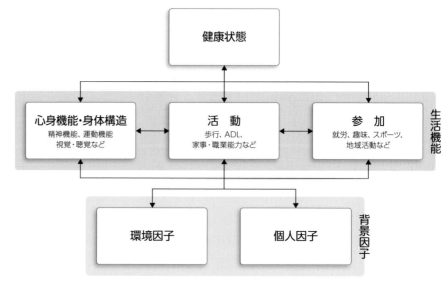

図2-1 ● ICFの生活機能モデル（WHO,2002）

健康状態

心身機能・身体構造
精神機能、運動機能
視覚・聴覚など

活　動
歩行、ADL、
家事・職業能力など

参　加
就労、趣味、スポーツ、
地域活動など

生活機能

環境因子

個人因子

背景因子

「障害されない」状態になれるかもしれないのです。

　こども達は、自分の「障害」をどう感じているのでしょうか。

　乳幼児期には自分が「障害児」だとは思っていないでしょう。時折、周囲の人とは違うなあ、やりにくいなあ、困るなあ、と思うことはあるかもしれません。「障害」があるこども達は、体や心のつくりや動き（心身の機能・身体構造）が他の多くの人と違うため、生活の中で、他の人と同じようにはできないことがあります。みんなができる活動が自分はできない、あるいはヘタクソだ、と気づいたとき、その子はどんな気持ちになるでしょう。

　人はみな違う存在で、同じ人なんていないのに、自分だけが違う存在であるかのようにみなされ、自分でもそう感じて、自分を好きになれない気持ちになることもあるでしょう。

用　語　解　説

● ICF（国際生活機能分類）

　「International Classification of Functioning, Disability and Health」の略で、日本語では「国際生活機能分類」と呼ばれます。WHO（世界保健機関）が2001年5月に採択しました。人間の生活機能と障害について、多数の組み合わせによって約1,500項目の分類があります。

　具体的には、以下のような目的でICFは活用されています。

● 健康に関する状況、健康に影響する因子を深く理解する

● 健康に関する共通言語の確立で、さまざまな関係者間のコミュニケーションを共通化し、改善する

● 国、専門分野、サービス分野、立場、時期などの違いを超えたデータの記録・共有・比較・評価などへの活用

　ICFは、世界共通の基準として、健康に関する分野だけではなく、保険、社会保障、労働、教育、経済、社会政策、立法、環境整備のような様々な領域で活用されています。

できないこと苦手なこと、ゆっくりとしかできないことがあると、それだけでも困るのに、できないから、下手だからといって他の人とは違う扱いを受けたり、「社会参加」できなかったりすることもあります。それこそが社会的障壁＝バリア（障害）、です。

障がいは、こども達が「持っている」のではなく、周囲の環境がこどもの特性に合っていないために「生じる」ものです。周囲の人、場所、モノなどの「環境因子」が、こどもが活動しやすいものに変われば、社会的障壁も縮小してのり越えやすくなります。

もちろん、こども自身の年齢や成長段階、やる気、といった個人因子も重要です。

発達支援は、周囲とこども自身の双方に働きかけて、活動しやすくすることで、多様な場面での参加を促して生活機能を向上させる支援です。周囲の環境がこどもの特性に合わせて整えられ、年齢や発達段階にふさわしい活動が心身機能に無理なくできるようになれば、こども達は主体的に、新たな冒険や挑戦から新たな経験を重ねて、そこから生きる力を学び取って成長することができます。

②　こどもの特性を理解する

1. アセスメントとは

「こどもを全人的にアセスメントして」「個別支援計画はアセスメントに基づいて」と、支援者である以上できて当たり前のように言われる「アセスメント」。対象者に適切な支援をするために、対象者についてできるだけ広く、公正に情報を収集して、その得られた情報のもつ意味を考えることです。「見立て」と表現されることもあります。

具体的な手順は次のように考えるとわかりやすいでしょう。

①情報収集・観察

支援したい対象（支援したいこども本人。家族支援の場合は家族が対象になります）を観察し、多様な方面から情報を集めます。集めるべき情報は、「今」の「本人」のことだけではなく、出生時から今までの成育歴や基礎疾患、といった「過去」の情報、きょうだいを含めた家族の状況、今後予測される基礎疾患の変化、将来の希望といった「将来」のことなど、多岐にわたります。

②分析

自分が観察したことを含めて、得られた情報の関係を整理、分析します。対象に何が起きているのか、その原因は何か、因果関係を考察したり、今後起こりうることを推測したりします。

③判断・意思決定

分析したことに基づいて、支援にはどのようなことが必要か、を導き出します。

2. アセスメントに基づく支援

　前述のアセスメントで導き出されたことを具体的にどのような支援活動として作り上げていくかを考え、個別支援計画に落とし込み、実践します。

　さらに、支援を実際に行ってみて、対象者（本人や家族）の反応、変化を観察したり情報収集したりして、アセスメントの①に戻り、支援内容が適切であったかを検証、評価して、よりよい支援へとつなげていきます。

3. 大切な情報収集

　アセスメントの基盤になるのは情報収集です。第1章でも、ヨコ・タテの情報収集の大切さについて述べましたが、ここでは多方面から、とくに医療的な情報を得ることの重要性について述べます。

　障がいのあるこどもは、なんらかの基礎疾患があることが多いものです。今は完治していても、成長過程において、病気や大きなけがと向き合わねばならなかった経験は、こどもの心身や親子関係、きょうだいとの関係に何らかの影響を残します。医療についての情報は難しく感じられることもありますが、だからこそ、それを抱え、あるいは乗り越えてきた本人と家族の辛さを理解することは支援に欠かせないことです。

　とくに、基礎疾患については、すでに治った、あるいは日常生活には影響がなくなったと保護者が考えていると、辛い経験や過去のことをあえて語りたくない、という思いもあって積極的な情報提供をしてもらえないこともあります。無理に保護者から聞き出すのではなく、今の状況から、推測される疾患を想定して、今の支援にどんな情報が必要なのかを整理して、多方面からの情報収集を進めましょう。

事 例 ▶ 2-2　アセスメントに必要な情報

　小学校1年生の男の子、ツヨシ君。小学校入学と同時に他県から引っ越してきました。体は小柄ですが、大人とのおしゃべりは好きで、難しい言葉も知っています。運動はあまり得意ではないようで、鬼ごっこや戦いごっこなど激しい活動の仲間に入ろうとはしません。保護者の話だと、学校の休み時間は、教室で絵を描いたり図鑑を見たりしているそうです。ルールや順番を守ること、待つことが苦手で、思い通りにいかないとかんしゃくを起こし、その場からプイといなくなったり、床や机に突っ伏して顔を隠してしまったりします。保護者は、コミュニケーションが苦手なのは、小さいころに長期間入院をして、大人に囲まれていたからかもしれ

ない、と言っています。元気に産んでやれなかったから、その分がんばって育ててきました、とも。相談支援専門員からは、「以前は母方祖父母と同居で、大事に育てられてきたようだが、外遊びの経験が少ない。アニメやマンガはよく見ていて、朝は近所の中学生とアニメの話で盛り上がりながら、楽しそうに登校している」という話を聞きました。保護者は、とにかく無理をせず、同じくらいの友達と仲よく遊べるようになってほしい、と願っています。

これだけの情報では、ツヨシ君の特性や、本人が何に困っているのかはつかめません。しかし、アニメやマンガのことならおしゃべりできる、かんしゃくを起こす、難しい言葉を使いこなして大人とちょっと生意気な会話を楽しむ…なんだかこだわりが強い、アスペルガー症候群のようなイメージ…。

確かに、「今」の状況だけを見ているとそんな「印象」をもつかもしれません。しかし、その子の人となりを丸ごと（「包括的全人的」に）「アセスメント」するためには、「今まで」の情報も必要です。体が小さめとのことですが、出生時の状況はどうだったのでしょうか。「保育園のころ何度か入院をした」という保護者のお話もあったので、何か大きな病気や手術の経験があるのではないでしょうか。

お母さんに尋ねてみると、「生まれる前に心臓の壁に穴が開いていることがわかったので、帝王切開で少し早く生まれた」ことや、2歳、4歳の2回、心臓の手術のために長い期間入院をしていたとのことでした。放課後等デイサービスの児童発達管理責任者（以下、児発管）が「心臓病ですか？」と少し驚いていると、「あ、でも、心臓はもうすっかり治ってます。お薬はしばらく飲んでますけど、普通に何でもできるんです」とお母さんは言いました。

…ここで、一番知りたいのは、心臓に穴が開いていた、という病気がどんなもので、どんな手術をしてきたのか、これからの支援で気をつけなければならないことがあるかどうか、です。お母さんにツヨシ君の心臓病について語ってもらうことは、妊娠中からの心細い気持ちや、手術で心配だったことなど、辛いことを思い出させることになるかもしれないので避けたほうがよさそうです。また、健康や医療についての情報は、医師から直接提供してもらうほうがより正確です。児発管は保護者に許しを得て、ツヨシ君の出生時からの情報を収集することにしました。

> △市でツヨシ君の発達支援をしている放デイさくらの児発管の○山と申します。お母さんから「心臓病の手術をした」とうかがっているのですが、ツヨシ君の具体的な病名や、乳幼児期の様子を教えていただけませんか？
> 　他県から引っ越してこられたご家族への支援の参考になることがあれば教えてください。
> 　放課後等デイサービスで支援をするうえで、注意すべきことはありますか？

放デイの
児童発達管理責任者

医療
ソーシャルワーカー

　　○○医療センター地域連携室の医療ソーシャルワーカーです。ツヨシ君の病名は心房中隔欠損症です。左右の心房の間の壁に生まれつき穴が開いていました。手術を受けて、今は通常の血流になっています。外来受診に半年に1回程度来ていただくことになっています。
　　入院中のことや今後の見通しは主治医や担当看護師から連絡を差し上げますね。

病院の主治医

　　○○医療センターの主治医です。ツヨシ君は左右の心房の間の壁に小さな孔が開いていました。孔が大動脈弁の直下にあり、常に弁が開いたり閉じたり動きつづけている場所の下にあって、ふさがりにくい可能性もあったので、パッチ術という手術をして孔をふさぎました。手術を終えるまでは体も小さかったですし、感染症が心配でした。菌が心臓に行ってしまうと「感染性心内膜炎」という怖い症状になるからです。今は、通常の活動ができますし、これまでできなかった経験もたくさんさせてあげてください。ただ、薬（ワーファリン）の影響で血が止まりにくいこともありますから、けがや鼻血、乳歯が抜けるときなどには気をつけてあげてください。

　　△市保健師です。ツヨシ君は当市にある○○医療センターで生まれて、心臓病の手術もされました。おなかにいるときに心臓に穴が開いているとわかって、妊娠中から入院管理していたのでご両親は心細かったと思います。手術するまでの期間は、体をしっかり育てるために食べ物に気を配り、感染症にかからないように予防接種もきちんとして、人込みにも連れて行かず、お家でおばあちゃんの協力をいただきながら大事に育ててこられました。

自治体の保健師

保育園の担任

　　保育園で担任をしていました。ツヨシ君は3歳のころ保健師の勧めで母子通園施設に少し通って、しばらく併行通園で様子を見ながら徐々に集団生活になじんできました。周りの友達との関わりの中でも、競争とか、順番、半分こ、など、我慢やがんばりが必要なことは苦手で、おばあちゃんがおうちにいる日は保育園をお休みすることも多かったかな。手術が終わって体調が整った年長さんのころはほぼ毎日登園できていました。ただ、当番活動では友達に命令口調で話しかけてけんかになることがしばしばありました。「仲良し」ができないまま卒園しちゃった感じです。

「これまで」の育ちの様子はうかがい知ることができました。
さらに、学校での「今」の様子も聞いてみましょう。

小学校の担任

　担任です。学級では「ちょっと気になる」お子さん、という感じですね。友達との関係性を自分から作ることが苦手で、入学してもうすぐ3か月ですが、教員とばかり関わりをもちたがります。お家の方も本人の体力に不安があるようですね。プールの授業が始まったら胸の手術の痕をお友達に何か言われるかも、とちょっと気にしておられました。心臓病の手術を乗り越えてきた証拠なんだから、みんなに自慢していいんだよ、と本人にも話をしたところです。コミュニケーションについては、これまで大人の中で多くの時間を過ごしてきたので、対等な仲間と譲り合う楽しさ、とか、自分が何かをしてあげる喜び、といった体験が少なかったかな、と思います。体の運動機能も言葉の面でも問題はないと思います。

多方面から情報を収集しました。これらの情報を整理して、放課後等デイサービスでは、

▶ 主治医の助言にあった「お薬の影響で血が止まりにくい」ということから、けがや鼻血、乳歯の抜けるときなど、出血を伴うことに気をつけます。

▶ 保育園の先生のお話にあった「周りの友達との関わりのなかでも、競争とか、順番、半分こ、など、我慢やがんばりが必要なことは苦手」という点や、学校の担任の先生からの「友達との関係性を自分から作ることが苦手」で、大人との関わりを「得意」とするところ…を、支援に携わる職員全員で共有し、次のような支援計画を立てました。

▶ 出血を伴うけがをしないようにあそぶ。ただし、 危ないから、と禁止ばかりしていては、冒険や挑戦から新たな体験をすることができないので、けがのリスクの多いあそびをする際には職員がすぐ近くで見守ることにしました。また、歯磨きの際も、力を入れすぎて口の中を傷つけることがないように、歯ブラシの持ち方を"鉛筆持ち"にするように指導します。

▶ 同年代のこどもと一緒に遊びこむべき幼児期に、入院生活が長く、仲間と遊ぶ体験がもてなかったことがわかりました。順番を守る、「負け」を受け入れる、といった仲間との関わり方を身につけることを目標に、すごろく、トランプ、といったゲームを通して体験できるようにします。

▶ 心臓病の手術が無事に終わるまで、感染症に人一倍気を使って、何度も長期入院もしてようやくここまで育ててこられたご家族の心労も理解できました。必要以上に配慮することが、「普通に何でもできる」お子さんのイメージに傷をつけることにつながるかもしれないので、けがの予防は「それとなく」行うようにしました。

▶ 先天性の心疾患があったことを、お母さんが「元気に産んでやれなかった」と受け止めていることが気になります。「心臓病の手術をのり越えてきた、名前の通り強いお子さん」というプラスのイメージでお子さんの成育歴をとらえるように、支援者全員で親子に尊敬の念を表すように対応したいと思います。

③ 支援者として大切なこと

1. いのちを大切にする姿勢

　放課後等デイサービスには、基本的に「元気な」こどもが通ってきます。障がいがあっても
その子なりの「元気」という状態です。支援者は「元気」な状態のこどもしか見ていませんが、
こどもは急に体調が悪くなることがあります。基礎疾患のあるこどもであればなおさらに、急
変、急な増悪のリスクがあることを忘れないようにしましょう。

　支援するうえで最も大切なことは、いのちを守れること、「安心安全」です。こどもがその
子なりに健康で、朝から通学し、放課後等デイサービスに通う、というスケジュールが守られ
ているからこそ、家族の生活のリズムが守られているので、「体調が悪いので、お迎えに来て
ください」と言われると家族は困惑します。お迎え要請が度重なると、「そんなに神経質にな
らなくても…」と思う保護者も多いかもしれません。しかし、体調悪化は予兆の段階で食い止
めなければなりません。

　通所事業所での支援を継続して行ううえで、こどもの健康管理は非常に重要です。支援者と
して、こどもの健康を守るための観察のポイントや、休息をとるべき時には活動を休止してで
も休息を優先することを保護者と共有しておきましょう。

2. こどもとの関係―共感できる大人

　こども達と同じ高さに立ち、あそびや生活体験を共に楽しむ、ということです。遊ばせてあ
げる、遊んであげる、ではなく、共にあそぶ。

　例えば、ペンギンの真似、ゴリラの真似。恥ずかしがらずにできますか？　大人があそびを
楽しむとこどもはもっと楽しもうとします。楽しむのはこどもの特権だと思っているかのよう
です。カードゲームやすごろくも一緒にあそびましょう。もちろん、手加減は無し。ゲームの
中で「公平公正：フェア」や「ルール」を体験できるように、「それはずるいよ」「○○しない
のがルールだよ」「前の人が終わってからです。順番を守ります」といった声かけも工夫します。

　また、こどもの今の文化を理解することも大切です。こども達が夢中になっているゲームや
音楽に触れてみたことはありますか？「そんなの見たことないからわからない！」と突き放す
のではなく、興味をもってみましょう。スマホやゲーム機を使いこなす歳になると、こども達
は自分の音楽やファッションについての「好み」を探して構築し、「自分はこれが好き」とい
うものをもつようになります。"今どきのこどもは○○が好きなんでしょ"、と十把一絡げに語っ
てはいけません。その子が好きな音楽、その子が好きなゲーム、夢中になっているキャラクター

などを知ろうとしなければならないと思います。

　自分の好きなものを理解しようと歩み寄ってくれる大人の努力を（理解できなくてもいいから、理解しようとしていれば）、こども達も認めてくれるでしょう。少なくとも、自分の世界を傷つけない、否定しない人として。

　その一方で、伝承されてきたこども文化を手渡すことも忘れてはいけません。支援者自身がこどものときに楽しんだあそびを「元・こども」として伝えるのです。手あそび、絵描き歌、折り紙や草花あそび、どのくらい知っていますか？

　鬼ごっこにもたくさん種類があります。鬼が命じる色に触れていれば「セーフ」という「色オニ」、鬼より高いところにいれば「セーフ」の「高オニ」。この人、「こどもの引き出し」をもってるな、なかなかやるな、と思ってもらえたら、仲間として共に在ることを認めてもらえるでしょう。共に在り、体験を共有することは共感につながります。

　また、共感から生まれる笑いこそがユーモアであり、人間関係をより豊かにする笑いです。

3. ほめること、認めること

　体験を共有し、共感する喜びを味わっていたら、その人に対する視線はおのずと対等なものになります。「上から目線」では、喜びや悲しみ、悔しさを「共に」感じることはできないからです。

　その意味において、支援者は、安易に「ほめる」ことも避けなければいけません。「見てて！」とか「これ見て！」というこども達の要求は、まさに「見る」ことを求めているのであって、賞賛が欲しいのではないのです。そばで見ていてくれる人が、自分と達成感を共有して、ほほえんでうなずいてくれたら、その子にはほめ言葉なんていらないでしょう。

　「ほめる」のは結果を評価する行為です。ほめられると、次にはもっとほめられるようにならなければ、と感じることもあります。「いい子」へと追い立てられ、辛くなってしまうこどももいるでしょう。

　結果だけを見て「ほめられる」よりも、その過程を知ったうえで「認められる」方が、こどもの達成感は大きいものです。認めるためには、結果に至るまでの過程を知らなければなりません。また、過程に寄り添うには、「待つ」ことも必要です。こども、とくに障害のあるこどもは、着替えをはじめとする生活行為も、できないこと、ゆっくりしかできないこと、助けがないとできないことも多いものです。障がいがあるから、できないから、と支援者がこどもの力を見くびり、見切りをつけて手出し・口出しをしてしまっては、こどもはできることもできなくなります。こどもの自尊心を傷つける、失礼な行為です。

　こどもが信頼してくれているのですから、こちらもこどもの力を信じて、待ち、見守りましょう。

4. 大人としてそばにいることの意味

もう一つ、支援者が「大人」であることも重要な点です。こども達が支援者を信頼してくれていればいるほど、支援者と活動を共にすることは、支援者の価値観や行動パターンに影響される、ということです。支援者が賞賛したり、喜んだりすることが、こども達の行動についての価値観を醸成することにもつながるのです。

「こうすれば大人は喜ぶ」「こんなことをしたら叱られる」というこども達の思考は、自分の行動を客観的に見て、認識し、一定の価値観にもとづいて評価できる自己が形成されていることの現れです。支援する私達の価値観、人権意識がこども達に与える影響が多いことを思うと、人権意識を常に磨いておくこと、「ぶれない」大人でいることはとても大切なことだといえるでしょう。

5. こどもの「感じ方」を尊重する

事 例 ▶ 2-3　からかわれたことに傷ついてしまった女の子

その女の子は小学校6年生。オセロゲームが得意です。好敵手は中学2年生の男子。見学者が来ているときに、施設長は二人の好ゲームを見てもらいたくて、「○ちゃん、×君と仲よく勝負するところ見せてあげてよ」と声をかけました。すると彼女は急に立ち上がり、「わたし、男子となんか仲よくしてません！」と怒って泣いてしまったのです。施設長は本人が少し落ち着いたころを見計らって、「悪かったなあ。からかうような言い方をしてしまったね」と謝罪しました。

異性との関係性に敏感な思春期のこども達にとって、大人の軽い冷やかしは、「こんなところ、もう来たくない！」と泣いてしまうほどの重みがあることもある、と思わせられる「事件」でした。

大人にとっては他愛のない冗談でも、こどもが「いやだ」と言い、傷ついた様子が見えたら、上記の施設長のようにすぐに詫びるべきですし、こどもがいやがるような言動はその後は慎むべきです。「気にするな」と自分の価値観や感じ方を押しつけるのは、こどもの感じ方、価値観を否定することにほかなりません。それは尊厳の侵害であり、虐待につながる態度でもあります。

大人とこどもだから、というだけでなく、年代の違い、地域性、育った環境などで、感性や価値観は違います。こどもの尊厳を大切にする支援のためには、時には大人が「折れる」ことも必要です。

④ 保護者やきょうだいとの関係

1. 家族支援

　家族支援については、子ども・子育て支援、並びに障害児支援に携わる関係団体からのヒアリングにおいて「一般的な子育て支援よりも丁寧な、また、早い段階での親支援・家族支援が必要。また、短期入所等の整備、障害児のきょうだいの支援も行うべき」という指摘がなされています（厚生労働省／障害児支援の在り方に関する検討会「今後の障害児支援の在り方について（報告書）（平成26年7月16日）」の「参考資料：（5）障害児支援の在り方に関する主な意見」より）。

　多くの保護者は、わが子が障がい児である、という事実に、辛い思い、悔しい思いを味わい、それでもなお、親であることから逃れることができなくて、あるいは親である責任感と喜びをしっかり背負って、暮らしています。

　もっとも重要な「家族支援」は、『こどもにとって、安心してのびのびと過ごせる場所と時間を提供する』ことです。

　乳幼児期、あるいは生まれる前から、こどもの心身や発育発達に心配事を抱えて子育てしてきた保護者にとって、保護者から離れた場所で、こどもが心底楽しそうに行動して、家族ではない大人や仲間と関わり合い、昨日までできなかったことができるようになっていく姿を見ることで、目の前が明るくなるようなうれしい気持ちになります。これまで、こどもと自分、あるいは家族、という一対一で向き合ってこどもを見てきた保護者にとって、こどもと第三者が関わりあう、その様子を見ることはこれまでにない風景です。その風景が心地よいものであれば、自分たちだけで抱え込まなくてもいい、という安心感と、こどもが自分の力で、社会との関係性をもち、自分の世界を拓いていけるのだ、という "発見" を手にすることができます。それは、これまで「自分ががんばらなきゃ」と、ぎゅっ、と握っていた手を放し、抱え込んでいた心配事からも解放される瞬間です。

2. 保護者の喪失感

　障がいのあるこどもの保護者：親は、自分の中にあった「夢のこども」を失くしている、と言われます。妊娠中から疾患がわかっていた場合も、夢見ていた「元気な赤ちゃん」を失います。こどもの病気と向き合い、医師の「なん百人かに一人の確率で発生するのです」という説明に、なぜそれがうちの子でなければならなかったのだろう、と問い続け、わが子の生きる姿に救われ、かわいい、と思い、少しずつわが子の疾患や障がいと、「障がい児の親」になった

自分の人生を受け入れていきます。

　発達特性のあるこどもの親も同様です。1歳半健診や3歳児健診で発達の遅れや行動の特性を指摘され、「そんなはずはない」という思いと、「他のこども達とは違う」という不安の間を行ったり来たりして子育てをしてきています。発達障がいについて具体的に診断名を告げられた時にも、「やっぱり」という思いと、「そんなはずはない」という思いが交互にわいてきます。頭でわかっていても、わが子が「障がい児」である現実、自分が「障がい児の親」であるという現実は、やはり苦しいものです。そして、それを苦しい、と感じるその根底には自分にも「差別意識」があるというとことに気づかされて、それもまた苦しい発見です。

　元気で、明るくて、やさしい子。ちょっと落ち着きがないけれど、言葉が出るのが遅いけれど、「普通の子」と変わりない、いい子…。自分の中にあるわが子のイメージが崩壊し、描いていた「夢のこども」を失くします。発達障害、自閉スペクトラム症という診断が下りたとき、周りのこどもとではなく、「夢のこども」と比べてしまうのです。この子は、本当はできるのではないか、何かを工夫すれば、親の自分ががんばれば…。

　だからこそ発達支援の場で、わが子がのびのびと安心して過ごし、成長発達している姿を見ることが、親にとって大きな救いにもなるのです。落ち着いて話を聞けるようになった、手を洗えるようになった、順番を待てるようになった、粘り強く取り組むことができるようになった…。「夢のこども」とではなく、「昨日までのこの子」と比べて、成長したなあ、できるようになったんだなあ、という喜びがわいてきます。障がいや疾患があっても、こどもは育ちます。その子なりの歩みで発育発達する、という事実は、新しい希望を生みます。

　発達支援の専門職として、保護者：親が「夢のこども」を失ってきたという、眼に見えない心の旅を抱えていることを理解したうえで、子育ての希望を一緒に語れるようになると、こどもを真ん中にしたチームを作ることができるでしょう。

3. おうちでの協力を得る

　こどもが放デイなど放課後の居場所を気に入って、のびのびと過ごす様子を見て、保護者にも安心・信頼してもらえたら、保護者に発達支援の協力もお願いしてみましょう。

　放デイ等のサービスの利用を開始するときに「こういった支援をしますから、お家でもこんなふうにしてみてください」といきなりお願いしても、すんなり受け入れてもらえるものではないでしょう。保護者は、放課後等デイサービスなど発達支援の場に預けることで、"自分を助けてもらえること"を期待しているからです。助けてもらえると思っているのに、いきなり協力を求められたり、指導されてしまったりしたら、がっかりしてしまう人もいるでしょう。まずは、こどもに安心と自信を贈り、こどもからの信頼を得ることで、こどもと家族の味方として認めてもらったら、こどものために保護者にも一緒に生活の工夫をしてもらえるようになります。

　放課後の発達支援で「正しい手洗い」を行っていたら、お家でも同じようにやってもらいま

しょう。おやつの時間に、テーブルを拭いたり、お皿を並べたりしていたら、お家でもお箸を並べたりお皿を出したりして、一緒に準備をするようにお願いしてみましょう。できないと思っていたことができるようになった、その喜びを、支援者と保護者、家族が共有できると、こども自身も自分の成長をいろいろな場面で実感でき、「できるようになること」「がんばること」をますます喜べるようになります。こどもが自分の成長を自分自身で感じて喜ぶ。その姿は、心身の特性や疾患の有無にかかわらず、こどもは生きている限り育つ、という大きな真理を私たち大人に示してくれます。

4. 予備悲嘆をくみ取る

　生命予後のよくないこどもの場合、保護者の心の底に、もう一つの重荷があります。

　どんなに愛しても、どんなにかわいがって、一生懸命に育てても、その先にわが子との「死別」という、辛い現実が待っています。人が、自然の一部であり、皆それぞれに定命というものをもつ以上、長く生きられないいのちがあるというのは避けがたいことです。支援者としてそれを助けることは難しいでしょう。保護者も、それは誰からも助けてもらえない、ということは理解しています。支援者にできることは、保護者がどんなに明るく、希望をもってこどもと向き合っているように見えても、心の底で「いつか来る別れ」をいつも意識して、少しずつ、ずっと、悲しみを味わい続けていることを知っておくこと、です。

　少しずつこどもの体力が落ちてきたり、疾患が進行したりする過程で、その辛さ、悲しみを、まったく同じように感じることはできなくても、悲しみを理解している人がそばにいてくれる、それだけで、親は一人ぼっちで不安と悲しみを抱える辛さから救われます。

5. 養育力の弱い家庭

　ひとり親の家庭や、保護者自身も何らかの特性をもっている、そんな家庭も増えてきています。

　朝起きられないとか、料理ができない、天候に合った衣服を整えることができない、そんな生活の基本的な力の弱い保護者も珍しくなくなってきました。非難したり、評価したりする言葉かけよりも、「困ってることはないかな」と、目と手をかけてみましょう。養育力の弱い家庭への支援については、一人の支援者、一つの事業所でできることではありません。地域の子ども家庭支援センターや市町村の保健師、学校、さらには児童相談所とも連携して支援します。とくに、学校と放デイとは、家庭とこどものいちばん近くにいる支援者として、季節ごとに、あるいは学校行事の前後に、情報共有できるとよいでしょう。

　家族やこどもは「困っています」「わからないから手伝って」と自分から発信することは、まずありません。家庭の様子をよく理解している支援者なら、その困り感をくみ取って先行支

援ができます。運動会のお弁当は作れるかな、社会科見学の日はバスの出発がいつもよりも1時間早いから親御さんも起きられないかもしれない、新しい教材の申し込みのお便りは理解できたかな…と細かいところに気づくことができます。学校ではその都度支援することは難しいかもしれません。しかし、放デイが学校からの信頼と情報提供を受ければ、こういった細かい手助けを保護者に提供していくことができます。これも、放デイの幅広い役割の一つではないでしょうか。

6.「きょうだいさん」＊の気持ち（＊＝特定非営利活動法人"しぶたね"による表現）

「ヤングケアラー」という言葉がようやく社会に浸透してきました。障がいのあるこどものきょうだいの支援の必要性に社会が気づき始めています。

　一人っ子でない限り、我慢やお世話をしたり、どちらかが後回しになる、比べられる、といったことは避けられません。とくに、障がいのあるこどもがいれば、親はどうしてもその子に手がかかります。「きょうだいさん」も障がいのある同胞との関わりの中で、ごく自然にお世話をしたり、体調の変化に敏感になったりしているものです。時には家事を担うこともあるでしょう。どんな家庭であれ、こどももできる範囲で家事を担うことは自立のためにも必要な経験ではあります。それを親からほめられたり感謝されたりすれば、労働の喜びを味わう機会にもなります。しかし、それが自分の時間を犠牲にしてでもやらねばならないこと、やって当たり前のことになってしまうと、きょうだいさんは辛いです。障がいのある同胞がいることで、きょうだいさん自身のこども時代がゆがめられてしまうのです。甘えや手抜きが許されない、同胞のために自分が犠牲にならねばならないことが日常になってしまうことは、避けなければなりません。

用 語 解 説

●ヤングケアラー
　法令上の定義はありませんが、一般に、本来大人が担うと想定されている家事や家族の世話などを日常的に行っている18歳未満のこどものこととされています。例えば、
● 障害のある親やきょうだい、高齢者の世話や見守りをしている
● 幼いきょうだいの世話をしている
● 難病や精神疾患のある家族への対応をしている
● 家族に代わり買い物や料理、洗濯などの家事をしている
● 家計を支えるために労働している
● 日本語を話せない家族のために通訳をしている
などがあります。こうした負担のために、学校へ通えない、勉強や友人との交流などこどもらしい生活が妨げられる、精神的な不調に陥るなどの問題が徐々に明らかになってきています。

（参考：厚生労働省ホームページより　https://www.mhlw.go.jp/stf/young-carer.html）

　たとえ、きょうだいがすでに亡くなって、現実の生活の中では一人っ子のように見えても、親の心には亡くなったこともがいるものです。残されたこどもは、きょうだいの面影と共に生き、育っていくしかありません。通常の（"正常"ではなく、大多数の世間によくみられる）きょうだい関係とは違い、障がいのあるこどもに手がかかる、あるいは心を傾けねばならない場合、障がいのないこどもに対して、周囲の大人が心を寄せる必要があります。

　障がいのあるきょうだいがいると、きょうだいさんの"こども"としての暮らしにも制約と妨害と気兼ねが付きまといます。障がいのあるきょうだいのために我慢すること、世話をすることが当たり前のようになっている生活のなかで、きょうだいさんは家族の中で、「こども」ではなく、「支援者の一人」になってしまいがちです。

　きょうだいさんは、お母さんを助けてあげたいし、障害のあるきょうだいのことも嫌いではない、むしろこどもどうしわかり合えることも多くて、大好きなのです。だから我慢もするし、世話もします。そして、世話のやり方も上達して、障害のあるきょうだいの気持ちや体調を読み取ったりすることにも長けていき、訪問看護師や介護者などの身近な支援者から賞賛されたりします。そうなるともう、「ケアの担い手の一人」になってしまいます。

　幼いながら支援者になってしまうと、きょうだいさんは家族の中で「こども」として過ごすことが難しくなります。本来、家庭はこどもにとって安らぎ、英気を養うための場です。甘えたり、さぼったり、自分のやりたいことをやって過ごしていいはずのきょうだいさんの時間は、決まった時間のケア、入浴の手伝いや見守りに費やされてしまいます。学校での出来事を話して、親と一緒に笑ったり、ほめてもらったり慰めてもらったりしたくても、そんな小さなエピソードは、障害のあるきょうだいのケアや見守りの中では「後回し」になりがちです。きょうだいさんは、自分の生活や喜び、悩みを後回しにしているうちに、自分でも自分のことを大切に思えなくなってしまいます。

　「しかたない」というあきらめを、こどものころから覚えてしまうきょうだいさん。きょうだいさんへの支援は家族支援の中で、もっと重要視されていいテーマです。

7. きょうだいさんにこどもとして過ごす「間」を

　障がいのあるこどもの「きょうだいさん」に、こどもとして当たり前の「間」を提供してあげる必要があります。本来ならば得られるはずの「時間」と「空間」、そして「仲間」を、きょうだいさんがきちんと手にできるようにしてあげなければなりません。

　学校の授業参観や音楽会、運動会といった行事には、きょうだいさんが来てほしいと思うおうちの人が行けるようにしてあげるべきだと思います。部活や地域のスポーツ活動に参加したい、塾や習い事に通い、友達と遊びたい。そのために、おうちの人が送迎や応援に行く時間を含めて確保できるようにする必要があります。とくに、小学校入学前や小学校6年生、中学・高校の3年生など、進学・進路選択を控えた時期には、保護者がしっかりときょうだいさん

の進学、受験に心と時間を注げるようにすることが、家族全体が次のステージに進むためにも欠かせない支援です。

きょうだいさんの学校行事、部活や受験等のスケジュールを、保護者や相談支援専門員と共有して、障害のあるこどもの放デイ等事業所の利用を積極的に勧めましょう。放デイなどの通所支援事業所で障がいのあるこどもがのびのびとすごし、保護者が心配することなく、「今頃は事業所で楽しく過ごしてるよね」と安心できれば、きょうだいさんは、保護者のまなざしを一身に集めて、「こども」として仲間を得て、時間・空間をのびのびと味わうことができます。

もちろん、きょうだいさんが事業所にあそびにきてくれたら、障がいのあるこどものきょうだい、としてではなく、こどもとしてそこで楽しんでもらえるように。障がいがあってもなくても、こどもならばだれでも楽しめる事業所であれば、きょうだいさんと障がいのあるこどもが"それぞれ"に楽しめるはずです。

事例 ▶ 2-4　きょうだいさんの「我慢」～大人になって気づく欠乏感

ノブさんにはダウン症の弟がいます。ノブさんが2歳8か月の時に生まれましたが、心臓の手術が必要だったり、てんかん発作のコントロールが難しかったりして、5歳くらいまでは入退院を繰り返していました。ノブさんがものごころついてからずっと、お母さんは泣いたり、同居しているお父さん方のおばあちゃんに悲しいことを言われて怒っていたり。ノブさんの保育園のお迎えも時間ギリギリになることが多くて、夕方の保育園で、友達がおうちの人に飛びつくようにして駆け寄り、あっという間に靴を履いて「せんせい、バイバーイ！」と帰るのを見送る心細い寂しさを、どんどん暗くなる外の風景とともに、23歳になった今もはっきりと覚えています。

弟は、特別支援学校に入学したころから体調も安定して、母親の笑顔も増えました。でも弟の学校は遠いので、8時前にはスクールバスが来ることになっていて、図書館の駐車場まで連れて行かなければいけません。ノブさんの通う小学校は家から歩いて15分くらいのところにあるので、お母さんと弟があわただしく車に乗り込むころに自分も家を出るのです。毎朝とてもあわただしくて…今日は学校に行くのがイヤだな、という気分の時にも、ちょっとお腹が痛いな、というときもそんなことを言える雰囲気ではありません。「早く早く。ハイハイ、行ってらっしゃい」と言われて、追い立てられるように家を出ていました。

成長に伴って弟は声や動作が大きくなり、いつも機嫌よくノブさんに語りかけたりくっついてきたりします。ニコニコと悪気のない表情はかわいいけれど、いつも弟のペースに巻き込まれる感じがして、家にいてもいつも弟に気を遣わねばならないようで、小さな我慢を積み重ねてきた、とノブさんは思います。家では自分の時間や勉強のスペースも確保しづらいし、教科書や勉強道具も弟が勝手に触って散らかすので、ノブさんは外にいる方が気が楽だ～と思って

いました。中学に入って始めたハンドボールは楽しくて、県大会まで進みました。高校を選ぶときにもハンドボールを続けられる学校に行きたくて、隣の学区の高校を選びました。

　勉強は嫌いではなかったけれど、進路を考えるときに「弟さんがダウンちゃんだから医療とか福祉とか？」と先入観をもってみられるのが嫌で、大学は経済学部に進んで、中小企業診断士か、税理士になることを目指しました。ノブさんの成人式には、振袖姿の姉のそばで照れたように笑いながらも、「自分が主人公！」と言わんばかりに家族の真ん中で弟が仁王立ちになっている家族写真を撮りました。弟はそれから間もなく体調が悪化して、慎重な管理が必要な状態になり、施設に入所しました。両親も、いつかは親離れしなければならないのだから、と、思いのほかにさっぱりと手放し、月に数回会いに行っては弟の安定した暮らしに安心しているようです。

　大学の4年生のお正月。就職活動も順調で、大手都市銀行への就職も決まっており、もう故郷に帰ることはないかな、と思いながらノブさんは帰省しました。弟のいない家。…確かに寂しいけれど、こんなに居心地よかったっけ？　かつてあんなに時間に追われていた両親ものんびり過ごしているし、室内での事故を防ぐためにいつも片付いていたリビングも、「よく言えば生活感がある、って感じ」に散らかっています。

　ノブさんは、このときはじめて「この家にいたい」と思いました。

　「だって、私の家だもん。こんなにいい家があるのに、外で戦わなくてもいいじゃん。」そう思うとなんだか涙が出て…「おかーさん、私、帰りたい。家に帰りたいよ。帰ってきてもいい？」と聞いてしまいました。両親はもちろん、大企業に就職できると思って喜び、自慢にもしていた娘が今さら帰ってくるなんて…と戸惑いました。でも、「家にいたかったのにいられなかった、こども時間を取り戻したいの」というノブさんの言葉に、お母さんはうなずき、「お帰りノブちゃん。いいよいいよ帰っておいで」と泣きながら抱きしめてくれました。結局ノブさんは、地元の税理士事務所に就職して、税理士資格の取得に向けて勉強しながら働いています。

　不完全だったこども時代を取り戻したら、その時は本当の意味で、この子は巣立つことができるのだろう。——お母さんはそう思って、ノブさんがお母さんの作る朝食を食べて、お母さんの作ったお弁当を持って出かけるときには、毎朝必ず「行ってらっしゃい。気をつけてね」と背中をポン、と叩いてやっています。

　こどものころは、誰にとっても自分の家が"当たり前"の家庭の姿です。ほかの家庭を知らないのですから。そのため、障がいのある同胞をもつ「きょうだいさん」たちは自分の家庭の在りようにとくに疑問を感じません。ノブさんに限らず、多くの「きょうだいさん」は、高校を卒業して他所で暮らしてみて、はじめて我が家の、そして自分のこどもとしての在りようがほかの家庭とは違うことに気づきます。同時に、自分がこども時代に我慢をしていたことも、それが実は辛かったということにも、その時になってようやく気づくのです。

こどもが、家族のために我慢を強いられるのは、やはり間違っていると言わざるを得ないでしょう。

　ヤングケアラー。それは、幼くしてケアすることを強いられているこども達だけではないと思います。ケアをしたり家事を担ったりしていなくても、家族のために我慢を強いられていたら、それは当たり前ではありません。こども時代の喪失は大きいのです。甘えたいときに甘え、笑いたいときに笑い、泣きたければ大声をあげて泣けるようにしてあげたいものです。こども時代にしかできないことを、できないままに過ごしてしまう、そしてそれに周りの大人が気づかない…ということは、本当に取り返しのつかないことです。

　きょうだいさんがいつか自分の家庭を築くときに、満足とともに自分のこども時代を振り返り、幸せな家庭の在りようを描けるように。こどもが本来享受できることは、どのこどもにも等しく届いてほしいと思います。

【引用文献】

● 世界保健機関（WHO）、障害者福祉研究会編（2002）『ICF 国際生活機能分類－国際障害分類改定版－』p.17-図1を一部改変、中央法規出版

【参考文献】

● 障害児通所支援の在り方に関する検討会「障害児通所支援の在り方に関する検討会報告書—すべての子どもの豊かな未来を目指して—」（令和3年10月20日）厚生労働省

第 3 章

あそびを通した発達支援

① 大切な放課後の「あそび」

1.「あそび」の経験

　学校生活には「時間割」があります。放課後は、学校の時間割から解放され、こどもが「やりたいこと」を選択し、意欲的に喜びをもって取り組める「あそび」の時間です。

　障がいの有無にかかわらず、こどもはこども。

　こども達はあそびを通して成長、発達していきます。しかし、思い通りに体を動かせない、普通の人と感覚が違う、コミュニケーションがうまく取れないなどの特性ゆえに、あそびたくてもあそべない、楽しめない、体験したくても体験できない、あるいは、できること、楽しいあそびに出会えないままにこれまで過ごしてきたこども達も多いことでしょう。

　実際に、心身に何らかのハンディをもつこども達の多くが、同年齢の「健常児」の60%のあそび経験しかもたないというデータがあります (野村, 2018)。とくに、ADL (日常生活動作)の低いこどもほど経験値が低いとされています。重いハンディをもつ子の「動けない」は「あそべない」であり、あそべないことはあそびへの経験も意欲も低下させます。

　環境 (人的環境である支援者も含めて) がよければ、「あそびにくさ」を軽減することができます。放課後等デイサービスでは、こどもの特性や年齢、希望や将来の目標などを広くアセスメントして、あそびやすい、多様な体験をもちやすい環境を整え、その子の意欲を引き出せそうなあそびを提案する「支援」ができます。

2.「あそび」はこどもの権利

　「児童の権利に関する条約」には、こどものあそびの権利に関して次のような記述があります。

《児童の権利に関する条約》
第31条
1　締約国は、休息及び余暇についての児童の権利並びに児童がその年齢に適した遊び及びレクリエーションの活動を行い並びに文化的な生活及び芸術に自由に参加する権利を認める。
2　締約国は、児童が文化的及び芸術的な生活に十分に参加する権利を尊重しかつ促進するものとし、文化的及び芸術的な活動並びにレクリエーション及び余暇の活動のための適当かつ平等な機会の提供を奨励する。

「こどものあそぶ権利」はわが国では尊重されているとは言えません。日本の権利条約の実施状況の報告審査では、国連の「児童の権利に関する委員会」の総括所見（第1回、1998年）にて、「高度に競争的な教育制度のストレス及びその結果として余暇、運動、休息の時間が欠如していることにより、発達障害（筆者註：発達の偏りというような意味）にさらされていることについて、（中略）懸念する。」と指摘されています。

日本のこどもには「あそびが足りない」と言われて久しいのです。

「いやいや、こども達はあそんでばっかりですよ、家でも勉強も手伝いもしないでゲームばかり…」と言われるかもしれません。しかし、本当にそれは「あそび」でしょうか。だらだらした時間、休息にもならない時間つぶしであれば、それはあそびではありません。ワクワクする挑戦、新たな発見、美しいものを見聞きする喜び、自分で工夫して何かを作り出す楽しさ。仲間と力を合わせて、一緒に考えて何かを成し遂げる達成感。こどもが、自由に、主体的にやりたいことに夢中になって取り組む、それがこども達を全人的に成長させてくれる「あそび」です。私達大人は、こども達がそんな遊びを日々体験できるように環境を整える義務があるのです。

なかでも放課後等デイサービスは、あそびをとおして発達支援を行う場です。何かを「させる」のではなく、こどもが自ら「したくなる」ような支援、こどもが主体的にあそび、楽しさに夢中になる喜び、成し遂げた満足感を経験するための支援を目指すべきでしょう。

 ## 姿勢調節と姿勢管理の大切さ

1. よい関わりとよい姿勢—発達に必要な心地よさ、満足

約800年前の神聖ローマ帝国で、フリードリヒ2世（1194〜1250）は、人類の言語の起源を確かめたいと思って、一つの実験を行いました（小林, 1983）。人間の言葉をいっさい聞かずに育った子は、人類の根元語を話すに違いない、と思った皇帝は、生まれたばかりの赤ちゃん50人を保母や看護婦に養育させることにし、入浴や食事など、生命維持に必要な世話は許しましたが、赤ちゃんに話しかけたり、あやしたり、機嫌をとったり、愛撫したりしては絶対にいけないと厳命したのです。この結果、多くが3歳になるまでに亡くなり、最後の一人も6歳で亡くなりました。言葉かけとスキンシップによる満足や心地よさなしには、人は生きられないのです。

大事な子育て時期には、姿勢調整と姿勢管理が自分でできない赤ちゃんに、親や支援者が脳の発達に効果的な姿勢で抱っこをし

たり、語りかけやスキンシップあそび等をしたりして適切な愛着関係を築いて、心地よい姿勢保持をして、心身共によい成長・発達を促してほしいものです。

　病気や障がいにより、生後すぐから医療の管理下で育つこどもは、ベッドに寝ている時間が長くなり、心地よい抱っこや愛着関係を築く行動を受ける機会が少なくなります。自然の光や変化を見たり聞いたりする機会は限られ、人工呼吸器やその他の医療機器の音や臭いを感じ、関わってくれる手は処置やケアが優先されます。そうした環境では、脳が心地よく満足するスキンシップやあそびはどうしても少なくなります。

　また、発達に特性のあるこどもの場合は、その特徴を理解されにくいので、どのような支援が脳に心地よさや満足を提供できるか、親や支援者だけでなく、こども自身もわからないのです。ですから、いつもイライラしたり、突然パニックを起こしたりするのは、「困ってるんだよ！」という発信なのです。

　赤ちゃん時代の心地よい抱っこに始まり、よい姿勢にしてあげることで生まれる安心や心地よさは、自分をかわいがってくれる人との愛着形成と幸福感を促します。笑顔を交わし、互いの反応を楽しむという愛情あふれる人との関わりはやがて、楽しく、うれしくなるあそびにつながり、あそびを通して育つこどもの素地を作ります。病気や障がいの有無にかかわらず、こどもの発達には周囲とのよい関わりから生まれる心地よさが必要です。

2. 重力に負けない人間の体—抗重力筋の役割

　地球上では常に重力が働いているので、我々の体は常に下方向に引っ張られています。

　海の中のタコは浮力により海底では餌を捕獲する時に素早く動けて、体の丸さも保っています。しかし、彼らが地上に出ると体はつぶれて、動きも非常にゆっくりになります。体の重さを柔らかい筋肉だけでは支えられないのです。我々も、この重力の感覚をプールから出た直後に感じますね。

　人間は重力に負けないように骨で支えて体を保ち、さらに骨の動きを筋肉や靭帯で支えます。筋肉群の中で重力に逆らう働きをする筋肉を抗重力筋といいます。骨は垂直だと筋肉がなくても柱のように支えますが、斜めや横になると支える力は弱くなります。骨が垂直で支えることを「骨性の支持」といい、膝や腰が真っすぐに伸びて「骨性の支持」を十分に使えれば、姿勢が安定して長く立位保持が可能となります。しかし、膝や腰が曲がった立位ではつぶれやすく、筋肉にも負担がかかり、姿勢保持は困難になります。

　そこで、体のパーツの積み重ねを安定させ、支える力を高めるのが抗重力筋です。人間の立位姿勢は重い頭や体幹が上にある逆三角形になります。さらに、人間特有の二足歩行では、片方の下肢で全身を支えるため姿勢が崩れやすくなります。二足歩行の人間は、四足歩行動物よりも支えが少ないため、抗重力筋が骨の支持を補って正しい抗重力姿勢を保持して動かなければなりません。重力に負けないために、抗重力筋の働きは重要なのです。

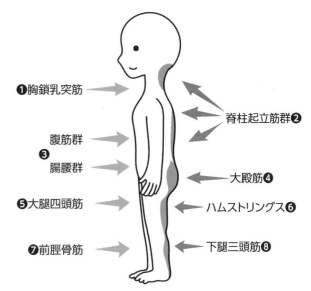

では、重力につぶれないでよい姿勢を保持し、よい動きをする抗重力筋は体のどの部分にあるのでしょうか。

大きく分けて８つあります。❶首の前の筋（胸鎖乳突筋他）❷背筋（脊柱起立筋、広背筋他）、❸腹筋（腹直筋、腸腰筋）、❹お尻（大殿筋）、❺太もも前面（大腿四頭筋）、❻太もも後面（ハムストリングス）、❼すね（前脛骨筋）、❽ふくらはぎ（下腿三頭筋）が前後、上下に協力して働き、よい姿勢を保持するようにバランスを保っています。

抗重力筋は立位、座位姿勢だけでなく腹臥位（うつ伏せ）、側臥位（横向き）、仰臥位（仰向け）などのじっとしている「静的な姿勢」でも働き、さらに体が動くときの「動的な姿勢」でも安定した動きを行うために働きます。抗重力筋が適切に働くと「静的な姿勢」でのストレスが減り、保持時間が長くなります。さらに「動的な姿勢」では動きのパフォーマンスが高まり、心地よさを感じて動きの成果が高まります。

抗重力筋は、姿勢を安定させる働き以外にも、姿勢保持の心地よさや動きの満足感から脳を心地よくして、脳の機能を高める働きもします。

逆に悪い姿勢でいると、抗重力筋が異常にがんばり、筋肉や関節への負担が大きくなるだけでなく、筋肉の緊張が異常に強くなり、痛みや短縮（伸びにくくなった状態）などが起こり、骨格の歪み、捻じれ、傾きが起こり、変形や拘縮（関節が動かしにくくなった状態）になります。体を自由に動かせないことが続くと、さらに胸郭がつぶれることから肺などの内臓を圧迫して呼吸がしにくくなり、首の歪みから飲み込みが困難になり、誤嚥のリスクが高まります。他には、脊椎から出る神経を圧迫してしびれや筋力低下、麻痺を起こしたりもします。このようなつらい状態が続くことで精神面でのストレスが高まり、不安や不穏になりやすくなります。

身体障がいがない人でも、悪い姿勢でいると筋肉の異常緊張により、肩こりや腰痛、頭痛や手のしびれなどを感じ、悪化すると側弯症や脊椎ヘルニアなどになります。当然、精神的な負荷が大きくなり、不眠やストレスなどで脳にマイナス作用が生じて精神面での障がいがでます。

3.「よい姿勢」とは─相対的位置関係とポジショニング

「よい姿勢」とは、別の言い方で「自然体な姿勢」と言われます。体に負担の少ない姿勢で、体の各部の「相対的位置関係」を作り、筋肉に負担が少なく、体や内臓、脳によい影響が起こ

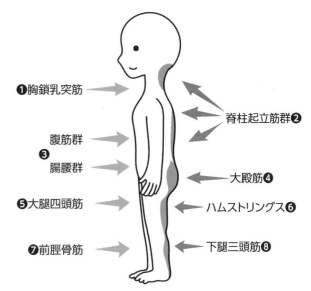
❶胸鎖乳突筋
脊柱起立筋群❷
腹筋群 ❸
腸腰群
大殿筋❹
❺大腿四頭筋
ハムストリングス❻
❼前脛骨筋
下腿三頭筋❽

りやすい姿勢のことを表します。体の各部の位置関係をよくすると、よい姿勢になります。支援者が、そのための体の各部の位置関係を正しく理解していれば、こどもに対しても心地よく機能的で脳によい影響を与える姿勢を保持することができます。

体の各部を、頭部－胸郭－右上肢－左上肢－骨盤－右下肢－左下肢の7つと考えます。それらは関節部で接続しています。身体各部の相対的な位置関係とは、座位でも、投球などの動作でも、身体各部が常に決まった位置にあるのではなく、その時々の動きに合わせて互いにバランスを取ったり補い合ったりする位置にあることを指します。安定した心地よい姿勢を保持したり、動作のパフォーマンスを発揮しやすくしたりするために、身体各部が連動します。身

体の各部の相対的位置関係の例

まっすぐ視線を保つ
首・頭

投げるために
ボールを持つ
手を後へ引く

左手は右手
とのバラン
スをとる

ねじれても
ぐらつかな
い体幹

開いても安定している
下半身

ピッチャーがボールを投げるとき、右手を上げて上手に動かすためには、体幹と下半身が安定していて、左手は右とのバランスを取り、頭部や視線は目標をしっかり見る位置にあるなど、それぞれが適切な位置にあることが必要

体各部が相対的な位置関係にあると、効率よく機能的に動くことができます。また、各部の負担やストレスを減じて、安心、安楽で効果的な動きやすい姿勢を作り、よい動きによって達成感や満足感が高まり、脳の機能を高めることができます。

安定した座位姿勢には、土台となる骨盤と体幹の適切な位置関係が必要です。作業やあそびをするときには上肢を動かしやすい位置に調節したり、視野を確保できるように頭部を支えたりする必要があります。周囲を見たくても見られない不満、動かしたいのに動かせない不満、呼吸のしづらさなど、姿勢の悪さがストレスや不満足を感じさせ、脳の機能を低下させていることがある、ということに我々は気づかなければいけません。

自分の体を適切に調節できないこども達は、ゲームをしたり本を読んだり、絵を描いたりしていても、不良姿勢による負担からストレスを感じて不穏になったり、集中できなくなったりして、本当の楽しさは感じられません。支援者はそのことを理解して、本人の体格や姿勢とテーブルやいすとの位置関係などを調節する支援をしなければなりません。それを姿勢管理・姿勢ケアといいます。

身体の変形やつぶれを起こさせないように予防したり、変形したものを修正したり増悪させないようにすることが、「ポジショニング」と言われる姿勢管理であり姿勢ケアです。

安定を感じ、安心で心地よく動きやすい機能的な姿勢（自然体の姿勢）を保持することは、身体だけでなく内臓や精神にまで好影響を与えます。それは脳にも多大な好影響を与えていることになります。こうした考え方を理解して、姿勢管理と姿勢ケアを実施します。

4. 変形のメカニズム

体が歪み、変形、拘縮が起こるのは重力の影響が大きいですが、もう少し具体的なメカニズムの一部をお伝えします。

身体や感覚に特性のあるこどもは、適切な姿勢を保つことが少なく、特定の骨や関節に重さがかかる時間が長くなります。すると、真っすぐの姿勢でも一方の肩が下がったり、頭がいつも同じ方向に傾いたり、胸や顔が正面を向かずに捻じれたりする変形姿勢になりやすいのです。それが悪化すると、側弯症や重度の猫背などの体幹の歪み、変形が生じます。

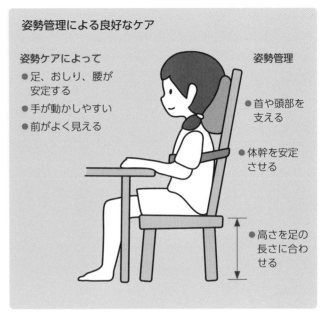

姿勢管理による良好なケア

姿勢ケアによって
- 足、おしり、腰が安定する
- 手が動かしやすい
- 前がよく見える

姿勢管理
- 首や頭部を支える
- 体幹を安定させる
- 高さを足の長さに合わせる

重症心身障がいのこどもは自分で動かしたくとも、姿勢管理や姿勢ケアができないことは理解しやすいと思います。しかし、発達障がいや知的障がいのように、自分でも動けるこども達にも、姿勢に歪みや傾きが生じるのはなぜでしょう。

仮説として「①成長の特性」、「②感覚異常」、「③周囲の情報を整理・調節しにくい」、「④不適切な支援」などが考えられます。

①成長の特性

こどもの成長・発達は頭側から足側に進みます。首座りが完成してからお座り、四つ這いから立位へと発達します。しかし、発達障がいなどがあると、体の前後左右に発達の差が起こることがあります。体の背中側の発達が早ければお座りや立つのが人より早くなりますし、逆に発達が遅ければ四つ這いや立つのが遅くなります。股関節周囲や足関節、足部が一方に比べて発達が遅く軟らかいと、傾いた四つ這いになったり、立つこと・歩くことが遅かったりもします。そうした部分的な発達の遅れや体の歪みが不快感、動きの混乱につながり、さらに脳の発達の妨げにもなります。

②異常感覚

筋肉の発達だけでなく、手足などの感覚過敏により、四つ這いや立つのが遅れることがあります。その過敏さも左右差があると、正しい姿勢を保持しにくく、歪んだまま発達、成長します。それが修正されずに成長すると、その違和感から不安などが強くなって、脳へのストレスが生じます。

③周囲の情報を整理・調整しにくい

　自分以外の情報を取り込みにくい発達障がいや知的障がいのこどもは、自分の中で起こっていることのみを頼りに動くので、傾きや歪んだ姿勢、それによる左右非対称の動きが気にならず、修正をしません。修正せずにいつもと同じ向きに傾いて座ったり、いつもと同じようにつぶれた姿勢で生活すると、体の使いにくさから違和感を覚え、それによる不安や不快を強め、感情のコントロールが難しくなり、社会性の発達を妨げます。

④不適切な支援

　上記の①〜③を理解し、適切な支援がされれば、年齢が低ければ低いほど早く修正できます。しかし、支援する側がそのことに気づかず、目の前のこどもの不適切な行動のみに対して支援してしまったり、それどころか、不適切な行動は特性によるものと決めつけてしまったりして何らかの支援をせずに放置してしまうことがあります。

　こどもの体の「相対的位置関係」が整わず、上手く動けないことで脳が混乱し、適切な行動ができないことを知っていれば、その困り感を早期に発見して、早期に支援していくことができます。

③（ ポジショニング──いくつかの事例から ）

1. 姿勢保持のための工夫

　側弯治療用のコルセットも、体幹の歪みやつぶれの軽減をするという目的は同じだと思います。そのこどもの変形の課題に合わせて製作する装具なので、体幹の歪みを防ぐのによい道具です。

　コルセットの装着は、専門職がこどもの体幹の緊張を感じ取り、コルセットのわずかな向きやベルトの締め方を微妙に調節しながら、その時に最高の効果を出すように装着します。体幹の変形を増悪させないためには、正しい姿勢にしてから装着するという基本的知識と理解がなければ、ズレや弛み、崩れ、締め付けすぎが生じてしまい、効果が半減してしまいかねません。

　本来の目的は、変形をさせないことです。予防としてハンモック様に体幹をバスタオルで支えるとよいでしょう。このバスタオルを用いてハンモック式の支えにすることで、重力による負荷を軽くすることができます（「バスタオルハンモック」の作り方は 44 ページを参照）。また、支援者が、まず体幹の変形を作らない、という意識をもつ効果も生まれます。

事例▶ 3-1 リュウ君のクッションチェアのポジショニング

　脳室周囲白質軟化症、ウエスト症候群による全身低緊張で姿勢保持や修正が自分でできない全介助のリュウ君です。重度の低緊張なので、重力に負けて臥位姿勢は捻じれて蛇行して（写真 3-1）、クッションチェアでの座位姿勢も捻じれてつぶれてしまいます（写真 3-2）。

　頭の重さにより体幹がつぶれ、蛇行した座位姿勢のまま、放課後等デイではおやつを食べる時に頭を押さえながら支援していました。支援者も片手で支えながら食べさせるのは大変です。支援者も「何度直してもすぐに曲がるの！」と困っています。支援者に片手で頭を押さえられ、歪んだ姿勢での食事はリュウ君も美味しくないでしょうね。

　ここで「ポジショニング」の登場です。リュウ君の姿勢を管理して美味しく食べて、嬉しくなるための姿勢ケアをします。

①まず、よい姿勢を作るには体を縦につぶす重力の影響をなくすために、いすに座りながら仰向け姿勢を取ります（写真 3-3）。背もたれに左右対称に背中側全面が接するように姿勢を直します。少し背中を伸ばしながら直すのがポイントです。

②体幹の歪みが修正できたら、この姿勢のまま、体幹部の背中の下に、縦長に二つ折りにしたバスタオルを横向きに敷きます。次に、そのバスタオルの端を引っ張りながら外側に巻いてロールを作り、背中にストッパーのように少し差し込みます。左右両側をバスタオルのロールで固定して体幹を真っすぐに支えます。背面に通ったバスタオルがハンモックのような働きをします（写真 3-4、矢印❶。「バスタオルハンモック」の作り方は次ページを参照）。

③頭の重さで体幹だけでなく首もつぶれるので、首への負担を軽くするために、吊り上げ効果のある枕で頭を支えます（写真 3-4、矢印❷）。

　頭部や体幹で重力による重さを減じて、弱い筋肉でも体を動かせるようにしてみました。この姿勢だとおやつを美味しそうに食べてくれて、食べっぷりもよくなり、表情や反応からも「美味しい！」「嬉しい！」「楽だぁ～！」という気持ちが伝わってきました。

写真 3-1

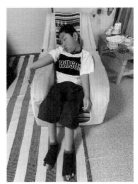

写真 3-2

写真 3-3

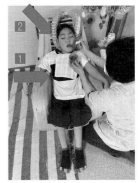

写真 3-4

支援者が得た気づき

　　身体のつぶれや歪みを減らすことができれば、変形を悪化させないだけでなく、誤嚥などの二次障害を防ぎ、安心や心地よさ、嬉しさ、楽しさなどを感じることができます。楽しく嬉しく美味しく食べられれば、食事の喜びは脳全体の機能を向上させる刺激になります。

●バスタオルハンモックの作り方

❶バスタオルを縦に長くなるように二つ折りにする。

❷クッションチェア（車いすやバギー、ベッドも活用可）の背中部分にバスタオルを横にして敷く。

❸タオルの中心に体の中心（背骨）が位置するように座らせる（寝かせる）。

❹クッションチェア（車いす、バギー）の背もたれが床と水平になるように後方に倒して仰向けにする。

❺変形や歪みで凸になっている側のバスタオルの端を引っ張って張りを作りながら下向きに巻いていって、体の下に端を巻き込む。

❻反対側も同様に、体を支えるようにタオルのロールを体の下へ巻き込む。

❼へそから垂直線上に鼻があること、その線に左右対称で肩が位置するのを確認して、いすを起こす。

2. 姿勢支援のための水中運動

　体の歪みや傾きにより相対的位置関係や筋肉のバランスが悪く、体の使い方の困難さにより脳を混乱させて、発達を妨げているのであれば、根本から困り感を解消する手立てを創り上げることが、こども達の発達支援の重要なピースとなるのではないでしょうか。

　その考えから、長野県南信地域では、阿智村の協力を得て、筆者は「水中運動教室」を行っています。

水中運動教室の概要
- 対　象：発達障がい・知的障がい・発達の遅れのあるこども、気管切開・胃ろうなどの重症心身障がい児や医療的ケア児など
- 支援者：保護者、保健師、保育士、子育て支援員、放課後等デイサービス職員、相談支援専門員、養護教諭、訪問看護師、水中運動指導士、理学療法士など

　水の浮力や特性を利用して、体の各部位の相対的位置関係や動きを修正し、再学習して、動きや感覚が正常化するよう促します。重力の影響が軽減される水中では、水が体を支えてくれるので、普段ではできない動きができます。そうすると自らの体に対する新たなイメージを得て嬉しさを感じ、スキンシップで喜び、できたことで満足感を感じるなど、脳に満足（プラス）を感じさせて脳の機能も高めることができます。

事 例 ▶ 3-2　水中効果で安楽姿勢がとれたナナミちゃん

　1日に10〜20回のてんかん発作を繰り返し、発作が始まると収まるまでに20分以上になることが多い「超重度のてんかん発作を起こす滑脳症」のナナミちゃん。発症してからずっと仰臥位で過ごす時間が長いため、重力に負けて体の厚みもつぶれていました（写真3-5）。

　変形予防と生活の質を高める目的で、筆者は訪問支援をしていましたが、ベッド上ではどうしても重力に阻害されてナナミちゃんが満足する経験を生活の中で増やせませんでした。しかし、プールに入ると、水の浮力で軽く浮いた心地よさと、ベッド上ではできない緩みを感じさせる軽度屈曲姿勢を保持してプカプカ浮いています。とても心地よさそうでした（写真3-6）。

写真 3-5

　最初にプールに入る時は、いつもと違う刺激によって強い発作が起こるのではないかと心配していましたが、プールが終わるまで1回も発作を起こさずにいられました。

　ナナミちゃんの場合、水の快刺激により、発作の抑制効果があることがわかりました。プール活動終了後には皆でジャグジーに入りました（写真3-7）。泡や強い水

写真 3-6

流も発作の引き金になるかと心配しましたが、これもクリアです。ナナミちゃんの隠れた"強さ"にお母さんも支援者もびっくり、でした。水中の心地よさが発作を抑制してくれたのかもしれません。

ナナミちゃんはとてもよい笑顔で気持ちよくジャグジーを楽しみ、支援者の楽しい様子と、何よりお母さんの安心した雰囲気を感じて、「人的な環境」からも心身ともに心地よくなることできました。

写真 3-7

 支援者が得た気づき

慣れない所でも、支援する人がその人の脳に心地よさや満足を感じさせる支援ができれば、脳はよい状態を保とうと機能してくれる可能性があります。

3. 心地よい水中感覚が歪みを修正 → 視線が合うように

事例 3-3　なぜか壁の文字ばかり見ていたメグミちゃん

知的障がいのあるメグミちゃん。対人の苦手があって、目を合わせられず、下を向いて会話もままなりません。人に指示されて動く時には壁の文字を探して見て、なかなか移動できません。このことは、「メグミちゃんは文字が好きなの。」「文字が気になるね！」と保護者や支援者には誤解されています。後でわかったのですが、決して文字が好きでその場を動かずに見ているのではありませんでした。状況の変化を自分が認知して落ち着いてイメージを作るのに時間が必要だったのです。その時間を確保するために、必要に迫られてしてきた行動なのです。それを支援者側が誤解して支援していたことで、「困ったら文字を見る」と誤学習していました。

プールでもはじめはいろいろと促されてやっと入れましたが、指示されたことや他のこども達と同じことはできませんでした。最初は、自分だけで水中の感覚や動きを楽しんでいました。何回か続けて通ううちに周りの人と目が合うことが増え、指示も受け取りやすくなり、自分から他のこども達を見て真似をするようになりました。その時に言葉を聞いている反応が見られたので、簡単な指示から始めて、少し難しい指示にも応えて動くことができるようになり、ついには自分で要求できるようになりました。始めた頃の丸まった猫背姿勢も伸びてよい姿勢に変わり、人の目を見てやり取りができるようになりました。当然、文字には頼らずに、皆と同じタイミングで行動ができるようになりました。

支援者が得た気づき

　事前に入ってきた情報などによる先入観でこどもを判断するのではなく、支援による変化や反応（サイン）を評価して、特性や困り感の原因を知ってから支援を模索して提供すると、本当の姿がわかり、本来もっている能力を引き出すことができます。さらに、ただ引き出すだけでなく、もっと「可能性を追求する支援」になるとよいでしょう。

4. 姿勢変化もあそびのなかで

　脳は主にブドウ糖をエネルギー源としますが、よい働きをするには約100種類の脳内物質が必要になります。これらの物質は脳が満足したときに分泌されて脳の能力を高めます（「プラス効果」）。

　逆に脳に不快やストレス、不満を感じさせると、脳は機能が低下したり、停止したり、悪い働きをしたりします。不登校になったり、うつになったり、物事を投げ出したり、攻撃的になったりすることも、日常でのストレスや圧迫により脳にマイナスがたまり過ぎると脳内物質の影響により起こる、と言えるでしょう。

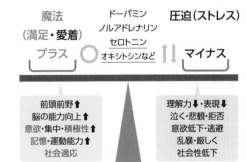

発達にはプラスが必要

　よい姿勢を支援する場合でも、無理やりしたり、強制的にやらせたりするのでは効果がありません。また、よい姿勢でも長い時間動けずにいると、次第に動けない違和感や不満足が強まり、不快が襲ってきて脳にマイナスをためてしまいます。では、よい姿勢の効果を高めるためにはどのようにすればよいのでしょうか？　私はそれが、あそびで提供できればよいと考えます。

事例 ▶ 3-4　動きの心地よさを感じられるあそびと姿勢ケア

　ESES症候群（徐波睡眠期てんかん重積状態関連脳症）とダンピング症候群という難病のサヤカちゃん。重度の胃腸症状がストレスとなり、てんかん発作も特異的で重度でした。低緊張と過緊張の混合型で姿勢保持が難しく、左の体幹がつぶれてしまうので、仰向けでは体幹と下肢は左を、顔は右を向いて捻れた姿勢になります（写真3-8）。

写真3-8

　異常緊張によりポジショニングがすぐに崩れて、それが不快でさらに怒ったり泣いたりして

力を入れてしまう状態です。心地よく動きたいし、楽しくあそびたいので、サヤカちゃんには、端坐位（ベッドなどで足を下ろして座る姿勢）でバスタオルをたすきにして頸部と頭を支えて（写真 3-9、矢印）、体幹と頭部を安定させました（支援者が後ろでタオルの両端を握っています）。顔を自分で動かして、手を少し使えているのでとても満足して喜びを感じています。

写真 3-9

事 例 ▶ 3-5　大好きなアイドルと姿勢ケア

　難治性のてんかんの一種である GNAO1 異常症のユイちゃん。重度の不随意運動により、呼吸や嚥下が困難になることがあります。側臥位で骨盤と左大腿内側部へ心地よい揺れの快刺激を提供することで不随意運動を抑える工夫をしました。その支援の過程で左側臥位が落ち着くことがわかり、

写真 3-10

写真 3-11

通っている事業所では左側臥位のポジショニングをしています（写真 3-10）。しかし、何もせずに側臥位を保持しているだけでは満足できませんし、心地よさも次第に減っていきます。そこで、大好きなアイドルグループ King & Prince の平野君の写真（写真 3-11、矢印）を見ながらアイロンビーズであそんでいます。

---

④ 環境を整える—物、人、時

1. 物の環境

　物とは地球規模から身の回りにある身近な物までこども達に影響を与えているすべての物です。地球規模の物とは、重力や支持面の硬さ、気候、空気など、生きていくうえで必要な物で

す。身近な物とは、ベッドやいす、車いす、テーブル、衣類や食器、おもちゃなど生活に必要なすべての物です。その物によって心地よく満足することができれば発達・成長を促し、それらがマイナスに働けば、発達・成長の妨げになります。

　支援者は、姿勢保持やあそびに使っている「物」が能力を引き出し、こどもが社会に適応できるようにするための環境の一つと理解して使わなければなりません。よかれと思って使っていてもこどもにとっては心地よくないために落ち着かなかったという例もあるでしょう。いすひとつとっても、素材の感触が嫌だったり、高さや奥行、背もたれや座面の形状が体に合っていないということで姿勢が崩れるのです。こどもが心地よく感じるように、モノのあり様を調整することで、こどもは落ち着いて座っていられるようになることがあります。こどもから発信されているサインを見て、それぞれのこどもの特性を知り、適する物を探ってこども本人に合わせていくことで最適な「物の環境」になるよう工夫しましょう。

2. 人の環境

　この場合の人は、「自分」と「自分以外の人」です。

　「自分の環境」とは自分の体の内側から伝わってくる体内の感覚です。例えば、眠いときやお腹が減ったとき、便秘のときのお腹の重い感じや熱が出たときのだるさ、動いた感覚や動けずに止まっている感覚、ドキドキやそわそわする感覚、ビックリしたときや焦ったりするときの何とも表現し難い感覚などです。経験があればその記憶をもとに想像できますが、脳は、経験がない感覚に対しては不安や不穏と感じてパニックになります。こども自身が、自分の内側の刺激をどう感じ、どう受け止めているかを読み取ってあげましょう。

　「自分以外の人」の環境とは、親やきょうだい、支援者など関わるすべての人です。その人達との関わりで直接や間接に様々なものを感じます。話し方、触れ方、見え方、匂いなどの五感だけでなく、その人の気持ちも、何となく感じてしまいます。

　矢継ぎ早にあれこれ口出し、手出しをする支援は、丁寧な支援のつもりであっても、逆に、本人にとっては情報が多くなり、わからなくなります。

　とくにHSC（Highly Sensitive Child）と言われる「人一倍敏感な子」や、愛着形成が不十分で不安が強いこどもは、関わる人の心の中までも感じてしまい、不穏になります。

　こどもは周りの人の意図がわからないと、混乱や不安を感じ、不満になって不穏になります。わかるように、混乱しないで安心し満足できるように、シンプルな表現で繰り返す支援が効果的です。

3. 時の環境

　「時の環境」にも過去から未来へとつながっている「時系列の時の環境」と今の瞬間の

「現在の時の環境」があります。こども達にとって過去の時は重要な経験の積み重ねです。その積み重ねにより現在の思考や行動が決まり、その現在の時の結果により未来に向かう道を決めることができます。

　支援する人は過去の経験の積み重ねをベースにして現在の支援を有効なものにする必要があります。それが成功体験であり、失敗体験です。支援者は、過去の経験をもとにした現在の支援が、こども達の未来に直結する重要な支援になるということを認識して支援しなければなりません。

　今の瞬間の「現在の時の環境」とは、支援している今、この時です。こども達は過去の経験と今の瞬間の出来事を整理、調節してイメージを作ります。この整理、調整にかかる時間は子どもによって違います。十分に情報整理と調節ができないと、不安により逃避したり、混乱から大きな声を出したりします。"待つ"ことも大切な支援の一つです。

4. 環境が脳を変える

　脳のメカニズムをわかりやすく示すと図のように「入力」と「統合・理解」と「出力」の３つの働きが関連し合って脳に複雑な神経ネットワークを構築しています。

　脳には五感やそれ以外の感覚から情報が「入力」されます。「入力」された情報は、記憶と言われる経験の資料と「統合」され「理解」します。その役割をするのが前頭葉の中にある前頭前野です。そこで理解してイメージを創り上げ、そのイメージしたものを行動や反応という形で「出力」します。その「出力」された結果もまた次の情報となって「入力」されて「統合・理解」し「出力」するということを繰り返しているのが脳のメカニズムです。

　現在の脳科学や医学では、こどもの脳の「統合・理解」の部分を直接操作したり変更したりすることはできません。さらに、その「統合・理解」の結果によって動いたり反応したりする「出力」も直接変えることはできないのです。できることは「入力」つまり、情報を変えるだけです。

　適切な「統合・理解」ができ、それをもとに適切な「出力」をできるように支援するには、「入力」を変える支援が重要で、その支援内容のなかに、姿勢管理や姿勢ケア、物・人・時の環境などがあります。「入力」を適切に変えるのは関わる大人であり、支援者なのです。

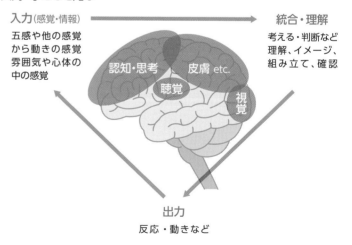

人間・子どもを知る

入力（感覚・情報）
五感や他の感覚
から動きの感覚
雰囲気や心体の
中の感覚

認知・思考　皮膚 etc.
聴覚
視覚

統合・理解
考える・判断など
理解、イメージ、
組み立て、確認

出力
反応・動きなど

5. 環境が人を変えた実例

事 例 ▶ 3-6 アスカ君の大変身

　ウエスト症候群（難治性重度点頭てんかん）、先天性多発性関節拘縮症で、気管切開があり、吸引と胃ろうの医ケアが必要なアスカ君は、1日に20回以上の発作があり、常に重度の過緊張状態でした。てんかんの薬も効果がなく、家で1か月過ごせてもすぐ入院し、半年ほど病院にいる生活を繰り返していました。

　満2歳になる時から「家で生活する」を目標に訪問リハビリによる支援を始めました。ポジショニングによる姿勢管理と姿勢ケア、物・人・時の環境調整、そして以下の快刺激の効果で、てんかん発作がほぼなくなり、小学校に上がる前にはほぼ入院することがなくなり、元気に過ごしています。

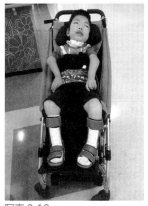

写真 3-12

　アスカ君はベッドでもバギーでもほぼ寝たきりの生活でしたが（写真 3-12）、座位姿勢で生活ができるように環境を変えました。座位姿勢で見たり聞いたり感じたりするとよい刺激が入ります。姿勢管理や姿勢ケアも良好に行われたので、体幹の変形もなく、表情筋や目を使ってコミュニケーションも取りやすくなり、学校へも楽しく通っています。

　物の環境を変えるために、ベッドで寝たままの姿勢ではなく、布団をロール状にしてまたがる形で座り、クッション等で座位姿勢を保持。絵本の読み聞かせや手あそびなどで活動性が高まる工夫をしました（写真 3-13）。座った姿勢でいすごと抱っこできる「抱っこいす」や、頭の重さを支えて頸部のコントロールをしやすくするために、バギーに簡単に装着できる「吊り上げ効果のある枕」なども作りました（写真 3-14、矢印）。写真 3-12 の頭や首の状態と比較すると効果があることがよくわかります。

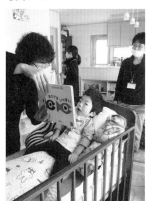

写真 3-13

　排痰時によく使われる腹臥位装置では、アスカ君は泣くほどいやがります（写真 3-15）。その本来の目的を達成しながらアスカ君があそび感覚で楽しくできるように、布団を丸めて腹臥位装置を工夫しました（写真 3-16）。左と右の写真どちらが楽しそうに見えますか？

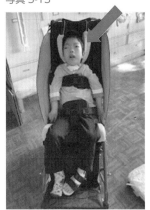

写真 3-14

写真 3-16 のアスカ君は、経験できなかった四つ這い姿勢を保持することができ、上肢や下肢による支持の経験もでき、頭を保持すれば絵本を見ることもできました。その後、四つ這いによる活動の広がりを知った福祉用具の事業所の協力で、排痰しながら活動ができる新しい腹臥位装置を作りました。少しの工夫で、医療的な目的だけでなく、楽しみや

写真 3-15

写真 3-16

心地よさを感じて脳が満足するあそびのある支援を提供することができました（写真 3-17）。

このように「物の環境」を変え、その時々で関わる「人の環境」が加わり、アスカ君の反応を見たり引き出したりする「時の環境」を使った結果、アスカ君は周囲が話していることも理解して、彼なりの要求や感情表出ができるまでに大変身をとげました。

写真 3-17

 支援者が得た気づき

　　重症心身障がい児や身体障がいのあるこどもにとって、「物の環境」は変えやすいですが、物だけを変えるのではなく「人の環境」も合わせて変えないと効果は出せません。物を変えることで楽になったことを認めて一緒に喜び、さらに関わりの質を高めることで「物の環境」の効果を増大させます。環境の効果で最も大きいのが「人の環境」で、その効果をより高めるのは「時の環境」です。「人の環境」が「物の環境」や「時の環境」の効果を引き出すことを実感しました。

事 例 ▶ 3-7　**鉄棒ができるようになったシオリちゃん**

　保育園の年中のシオリちゃんは発語も少なく、自己表現も乏しく、顔を下に向けていることが多く目も合わせません。生活動作や運動もぎこちなく、①鉄棒の前回りをするために飛び上がって鉄棒に体を乗せることができません。②床に置いた複数のバーを、両足をそろえて連続で飛び越えることもできません。保育士は言葉で飛び越え方を伝えたり、タイミングを計りな

がら体を押し上げたりしますがうまくいきません。

こども達の中には言葉でコツを伝えてできる子（聴覚からのイメージ作り）、ジェスチャーを交えて見せてできる子（視覚からのイメージ作り）、少し体を支えたり導いたりすればできる子（触覚で動きの感覚からのイメージ作り）など様々なタイプの子がいます。しかし、シオリちゃんはどの方法でもできず、困って混乱しているようでした。できなければ何度も繰り返すという昔の手法に支援者が頼るため、さらにマイナスが蓄積して脳の機能を低下させてしまいます。

保育士の見込み違いは、結果を求めるあまり、むやみにいろいろさせたことです。過去の別のこどもの支援でうまくいった方法を当てはめ、できたらそれはそれで大成功ですが、シオリちゃんの特性では困難でした。そこで、今までの支援の仕方を見直す必要があります。シオリちゃんの今の様子をよく観察し、これまでの様子を考えて、スモールステップで支援の目標と内容を組み立てます。

①鉄棒の前回りで鉄棒に飛び乗る動きを引き出す支援

シオリちゃんの特性は他からの声かけや支援（情報）が多いと、整理や調整などの処理が難しく思考停止や混乱が起こることがわかっています。鉄棒の前回りをする運動のために体を動かされていることがわからないと、やりたいのに表情が固くなり、抵抗も見られます。何をされるかわからず、それが繰り返されるとどのように動いてよいかますますわからなくなるようでした。

脳は自分でイメージした通りの動きができると喜びます。自分で自分の体の動きについてイメージをもちやすくするために、情報量を少なく、わかりやすくする支援をしてみました。

⑴プレッシャーを少なくする

➡鉄棒に飛び乗りやすくする台を使ってみた

⑵支援などの情報はシンプルにわかりやすくして自分で取り組めるようにする

➡最低限の言葉がけにして見守りながら、シオリちゃんの動きに合わせて少しの支援をする

⑶すぐにできることで成功体験を増やす

➡無理なく自然にできたと感じられる支援で喜びを積み重ねる

結果、自分で台から鉄棒に飛び乗り、そっと支えるだけの支援で前回りをして降りることができました。回った後のシオリちゃんの表情はきらきら輝いて、歩く姿も顔を上げて、表情は自信に満ちあふれていました。まるで別人のようでした。

 支援者が得た気づき

支援者が思いつく限りの言葉かけ、手出しをするのではなく、大切なことは、こどもの反応や表情、動き、サインを見て（観察）、評価してから仮説を立てて支援することです。

②シオリちゃんの連続ジャンプの動きを引き出す支援

　次にシオリちゃんが挑戦したのは、床に置いたバーの連続跳びです。ここでは支援者はまず観察し、仮説を立てました。

[観察と仮説]

①単独のジャンプはできていたが、着地はコントロールできず足はバラバラで後ろ重心の着地だったため、前に進む連続ジャンプができなかった

②着地しながら次のジャンプの準備もしなければならないので、連続ジャンプの動きは複雑である

③動きが複雑なため言葉で伝えないで、片手を握って一緒にジャンプしながら、着地の姿勢と動き、感覚を伝えたらよいのではないかと仮説を立てた

[支援の実践と評価]

①言葉で伝えづらい複雑な動きを、手をつないで一緒に動作したことで動きの感覚の共有ができ、こちらの動きをわかりやすく伝えられた

②次のジャンプの準備動作である前重心の着地がわかってすぐにジャンプできた

③同じ動きを一緒にやる安心から緊張が起こらず、動作の妨げが起こらなかった

④わかりやすい動作で、できた成功体験から脳にプラス効果が起こり、統合・理解がよくなった

　シオリちゃんからも「早く跳べたね」と自然な言葉が聞けました。

　困り感を感じていると、マイナス作用により脳はうまく働かなくなり、さらに困り感が大きくなります。そんな時に、小さなことでもわかりやすくなる支援をすると脳が嬉しくなり、マイナスが減ります。その小さな成功体験の積み重ねによって、私たちの想像以上に脳の機能は向上します。

 支援者が得た気づき

　　困っているこどもが変わったのは、最適な支援を提供するように大人が変わったからです。「こどもを変える支援」より「大人が変わる支援」の方がこどもには必要です。大人が変わるためには、そのこどもの様子を見て、特性や困難な原因を知り、いくつもの支援方法を探ることから、「わかりやすさ、心地よさ、満足」をどうやって提供するかを方向づけします。そして、実際の支援で反応や変化（サイン）をさらに観察して評価することで、次の支援を模索する、この積み重ねが重要です。

6. 時の環境の魔法

　最後の環境である「時の環境」の時とは、①「過去」―「現在＝今」―「未来」と続く時間の経過の時（時系列の時 クロノス）と、②今まさに動いている「現在＝今」の瞬間の時（現在の時 カイロス）のことです。

①時間の経過と経験

　脳での情報の統合・理解は「過去」の経験をもとに「現在＝今」の瞬間に入力された情報を整理・調節して、反応や行動のイメージを作ります。「過去」の経験がなかったり、不適切だったりすると、こどもは「現在＝今」この瞬間に何をしてよいかわからず、戸惑ってしまいます。それにより「未来」も不適切なものになります。

　逆に過去の経験や今の経験が適切であれば、その積み重ねにより「未来」に好影響をもたらします。そのため、「過去＝経験」が重要で、それを理解したうえで「現在＝今」が適切な反応や行動になるように支援して、「未来」に向けた大切な経験の積み重ねを支援者は意図しなければなりません。過ぎてしまった「過去＝経験」を塗り替えるには、「現在＝今」の反応や行動がとても大切になることも知っておきましょう。

②「現在＝今」の経験の積み重ねに

　今まさに動いている「現在＝今」の瞬間の積み重ねが重要です。「現在＝今」は一瞬でどんどん「過去＝経験」として積み重ねられていきます。量的には少ないですが、「過去＝経験」を塗り替えたり、「未来」の進む道を選択し直したりするので、質的にはとても重要です。

　しかし、一瞬でどんどん流れていくあまりに短いこの時の使い方を支援者は十分に理解、認知できていません。それが、こどもの困り感を強める原因となっていることを知らなければなりません。必要なことは、情報の整理と調節をする時間を作る＝待つ・見守ることです。

③情報整理と調節

　HSC（人一倍敏感な子）、愛着障がい、発達障がい、知的障がい、重症心身障がいなどのこどもは、情報の整理と調節が苦手です。外からの情報だけでなく、体の内からの情報も整理ができず、記憶などとの調節もしづらいので、「現在＝今」の一瞬の使い方が重要です。

　こどもは支援に関わる情報を入力し、統合・理解して出力のイメージを作り出します。しかし、入力されてくる情報を整理・調節するのに時間がかかるこどもにとって、次から次へと情報が入力されると整理・調整ができず、余計にわからなくなって混乱します。すると、脳は考えることを止めたり、逃避したりする、いわゆる遮断現象が起こります。さらにひどくなると支援に抵抗することもあります。

　そのため、支援する時には、彼らに入力された情報を整理・調節する時間を確保してあげなければなりません。「間」（待つこと）を大事にします。その「間」はこどもの反応を見る時間であり、支援する側が次の手立てを考える時間にもなります。

⑤ 快刺激と不快刺激＝よい情報入力と悪い情報入力

　人は誰でも、周囲の状況や相手の言葉がわかりやすいと安心します。安心すると落ち着いて情報を整理・調節できるのでしっかりと理解ができ、よいアイデアが湧いたり、よい行動を取れたりします。ほめられたり、同意してもらえるとがんばれるし、嬉しくなって新たな意欲が湧いたりします。心地よさが発達を大きく促すのです。

1. 快刺激の実例

事 例 ▶ 3-8　てんかん発作のあるこどもへの心地よい刺激によるケア

　滑脳症で重度てんかん発作のあるナナミちゃんと、ウエスト症候群で先天性多発性関節拘縮のあるアスカ君は、二人とも重度のてんかん発作を頻繁に起こし、有効な薬も治療法もないまま在宅生活をしていました。光や音、その他の刺激が発作を誘発し、てんかんを頻繁に起こしていました。わずかな刺激で交感神経の過剰興奮が起こるのであれば、心地よい刺激を入力して副交感神経に働きかけたらよい影響があるのではないかと仮説を立てて試みました。

　二人のてんかんのこども達には上腕部の外側を手のひらでそっと包み、軽い圧をかけたり、緩めたりを同じリズムで1秒間に2回くらいの速さで単調に繰り返しました。こどもが支援者の表情を見てくれるので、支援者は笑顔でゆっくり低い声で「だいじょ〜ぶ」と単調に繰り返しました。すると、てんかん発作が起こっている時にはその発作は次第に弱くなってきて徐々に収まりました。ナナミちゃんは発作が起こると10分から20分は続くのですが、その関わりをもってあげると5分程度で収まるのです。発作の前兆である引きつりが見られた時には、先ほどの上腕へのスキンシップをすると発作は起こらず、柔らかい表情になりました。毎回効果的だったので、他の緊張が強い子や不随意運動が強い子にも試しましたが、同じ結果になりました。

事 例 ▶ 3-9　乱暴な行動や暴言が収まらないコウタロー君

　コウタロー君は保育士に「うるせー！くそばばぁ〜！」と罵詈雑言を浴びせるような乱暴者でした。保育園でも他児を押し倒したり、物を投げたり、大きな声を出したりして、一度火がつくと収まりません。家庭での子育ての様子を聞いてみると、愛着の形成が不十分ではないか

と仮説を立てることができたので、担任保育士には心の安全基地になってもらいました。保育士がコウタロー君の様子から、思い通りにならなくて SOS の「困っているよサイン」を感じたら、すぐに抱っこやスキンシップをしたり、当たり前にできることでも、小まめにほめたり、認めたり、労ったりして、安心と心地よさ、満足を感じてもらいました。

　すると、以前は触れれば切れそうなぐらい、刃物や栗のイガみたいに尖っていたコウタロー君が別人のような優しい表情になり、穏やかに人の世話をするようになりました。以前では考えられないくらいの笑顔で楽しくあそべるコウタロー君に変わりました。

2. 不快刺激があると脳内物質の調節ができない

　寝たきりの重症心身障がいのこども達にとっては、姿勢の歪み、傾き、寝具の材質の不具合などによる不快感、自分で動けない辛さや、上手に動いて心地よくできないジレンマなどがあります。自分と周囲の折り合いがつけにくい自閉スペクトラム症や、わからないことが多い知的障がいのこども達は、不穏になります。

　支援者がわかりにくい話や指導をする時は、入ってくる情報が多すぎて混乱し、余計に脳が働きにくくなります。支援が一方的になると、圧迫を強く感じて、本人の脳は「攻撃」だと判断して拒否をしたり、暴れたり、暴言を吐いたりします。あるいは、逆に身を守る方法として脳は思考停止や遮断をします。それが逃避反応です。

　さらに悪いことに、その負のスパイラルを解決せずに続けていると、こどもはいやなことが少しでもあれば攻撃的になったり逃避したりするといった誤学習を引き起こしてしまうことがあります。

3. 望ましい支援—快刺激をつくろう

　この負のスパイラルを意図的にすれば虐待やパワハラになってしまいますが、支援する側はよかれと思って知らず知らずのうちに負のスパイラルを提供してしまっていることがあるのです。これは、こども達からすると切ないことです。

　支援者は望ましい支援ができるように、毎日の関わりの、その瞬間の変化や反応に気づいて、適切な支援を模索していきたいものです。そのためにはこども達のことをよく見て知って探ってください。そして自分のことも見つめ直して、日々向上していきましょう。

⑥ 虐待を防ぐ

こども達への不適切な対応、関わりにより、こども達の人権が侵害され、尊厳が傷つけられる、それが虐待です。障害者虐待防止法では、「養護者」「障害者福祉施設従事者等」「使用者」による虐待をとくに「障害者虐待」と定めています（第2条第2項）。放課後等デイサービスをはじめとする障害児通所支援事業でこども達の支援にあたる人はみな、虐待の主体者になってしまう恐れがある、ということを自覚する必要があります。

1. 支援者は「いい人」を目指すからこそ

障害のあるこども達の支援、それはとても大切で、こども達のためにも、ご家族のためにも、さらに地域のためにもとても意義深い仕事です。自分の仕事に誇りをもち、この仕事をしている自分を「いい人だな」と感じ、自己肯定感をもって仕事をできるのは確かに幸せなことです。ただし、自分はいい人、という思いが強すぎて、自分は虐待なんかしない、と思い込んでしまうことはないでしょうか。

虐待は、それをされた本人が「いやだ」「虐待だ」と感じたら、それで成立するのです。いじめと同じです。それを防ぐには、支援者は常に、「自分が相手にいやな思いをさせてしまうかもしれない」という意識をもち、「これは独りよがりではないか？　相手はどう思うだろう？」と自問していくことが必要です。

事例 ▶ 3-10 節分の豆まき会にて

節分の日は土曜日だったので、朝から外でしっかりあそび、お弁当を食べて、食後にのんびりしていたら、予定通りにオニが登場（職員の間では、「昼食後にこども達には内緒で、オニが登場して豆まきをする」と予定していました）。体も小さくて言葉の発達が遅く、怖がりの小学校3年生のマユさんは、「お前たち～！食べちゃうぞ！」と言ってのっしのっしと入ってきたオニにびっくりして、声も出ないほどです。あっという間に目には涙。

オニといっても、さっきまで一緒にお弁当を食べていた支援員のお兄さん達が、鬼の面をつけて手作りのビニールテープでできたかつらをかぶっただけなので、男の子や上級生のこども達は、「紫色のパーカーはハヤセさんだろ～‼」と言って笑いながら元気にとびかかっていきます。

でも、マユさんは怖くてたまりません。みんなが元気いっぱいに、用意しておいた豆を投げ

ているのに、マユさんは豆を握りしめたまま、頭を抱えてうずくまってしまいました。「ほんとに怖いの？　ねえ、にせもののオニなのに怖いの？」とみんなは笑っています。

　声はいつものハヤセさんだけど、マユさんにはどうにも怖くて、泣いてしまいました。それなのに、オニはマユさんの上に覆いかぶさるようにして「豆を投げろ〜！」とふざけた声で言います。みんながどんどん豆を投げたので、やがてオニも降参して部屋を出ていきました。みんなは笑っていましたが、マユさんにとっては、このうえなく恐ろしい時間でした。

　その後、一日の振り返りの会で、ボランティアの学生から、「あれは虐待ではないでしょうか」という疑問が出されました。

2. 本人の尊厳を大切に

　マユさん本人はいやだったのです。怖がっているというのは、はた目にも明らかでした。支援員達には、もちろん「悪気」はありません。こども達を楽しませたかっただけなのです。実際にほかのこども達は楽しんでいました。しかし、いやだ、怖い、という一人のこどもの思いを無視して、「楽しいからいいじゃないか」「みんなは楽しんでいるよ」というのは、やはり虐待です。

　大切なのは、「主人公はこども達」ということです。支援する側が主人公になってしまうと、支援者が「いい人である」という独善的な基盤に立ち、自分がやっていることはこども達のためを思っているのだからいいことなのだ、という思い込みに至ってしまいます。

　思い違いや支援や企画の失敗から、本当の主人公であるこども達がいやな思いをしていたら、「せっかく考えたのに」「いいことだと思ってやってるのに」という思いは封じ込めて、その関わりや取り組みを止める勇気を持たねばなりません。

　押し付けてしまうのは、こどもの尊厳（その子らしい感じ方、考え方、生き方）を否定する態度にほかなりません。こどもの尊厳を大切にして、こどもの尊厳を育てることは、障がいの有無にかかわらず、こどもの発達支援に携わる仕事の根幹です。

3.「おかしくないですか？」と問いかけてみよう

　事例の中で、ボランティアの学生が「疑問」を呈したのが救いです。

　虐待は、見て見ぬふりをする「観客」がいることで増長される、と言われます。職員の仲がいい事業所ならなおさらに、仲間の行為に対して「それはおかしい」「そんなことしてもいいの？」と声をあげることが難しくなります。事例では、ボランティア、しかも学生、という「よそ者」だからこそ「あれは虐待ではないでしょうか」という疑問を口にできたのかもしれません。職場やチームの「身内」から和を乱すような発言は難しいものです。

悪気のないおふざけ、他愛ないいたずらであっても、おかしい、と思ったら、その行為やそのいたずらをしている同僚や仲間を批判、糾弾するのではなく、その一歩手前で「それって、相手はいやがってるんじゃない？」「倫理的にどうなのかなあ…」と率直に問いかけることです。その問いかけに対して、その場にいる者がともに考える、それが事業所全体の「虐待」を防ぐ意識を向上させます。

虐待は、あくまでも、本人の視点、本人が苦痛を感じているかどうかの観点から判断されるべきです。

虐待に関する相談、指摘、通報があったときには、職員は直ちに施設長などに報告するとともに、法人・施設として速やかに市町村や県に報告しなければなりません。職場の誰かが発する「虐待じゃないかな？」「礼を失した対応ではないかな？」「尊厳を傷つけているのではないかな？」などの疑問から、放っておいたら虐待にまで発展したかもしれない行為に気づくことが必要です。そこから「虐待ではないか」という報告がなされたら、それは虐待をしてしまった、というマイナスの報告ではなく、虐待の芽を摘む適切な行為であることを覚えておきましょう。

障害者虐待防止のさらなる推進のため、令和4年度から従業者への研修実施等が義務化されています。

【引用文献】
●国連・児童の権利に関する委員会（第18会期）（1998）『（仮訳）条約第44条の下での締約国により提出された報告の審査　児童の権利に関する委員会の総括所見：日本』外務省　https://www.mofa.go.jp/mofaj/gaiko/jido/9806/index.html（2022年3月25日確認）
●野村寿子（2018）『増補新装版 遊びを育てる 出会いと動きがひらく子どもの世界』那須里山舎

【参考文献】
●綾屋紗月、熊谷晋一郎（2008）『発達障害当事者研究－ゆっくりていねいにつながりたい』医学書院
●別所史子ほか（2016）「重症心身障害児に対する姿勢のケア－異なった職種による論文内容の検討から」『小児保健研究』75(3),390-397
●エレイン・N・アーロン、明橋大二訳（2015）『ひといちばい過敏な子』1万年堂出版社
●グレン・ドーマンほか、小出照子訳（1993）『赤ちゃんは運動の天才－運動は脳を発達させる』サイマル出版会
●グレン・ドーマン、人間能力開発研究所監（2000）『親こそ最良の医師』ドーマン研究所
●平山諭（2011）『満足脳にしてあげればだれもが育つ！』ほおずき書籍
●岩田誠監（1997）『図解雑学　脳のしくみ』ナツメ社
●ジーン・D・コーエン、野田和夫監訳（2006）『いくつになっても脳は若返る』ダイヤモンド社
●小林司（1983）『出会いについて－精神科医のノートから』NHKブックス、日本放送出版協会
●厚生労働省社会・援護局障害保健福祉部障害福祉課地域生活支援推進室『障害者福祉施設等における障害者虐待の防止と対応の手引き』（令和2年10月）
●尾本恵市（2015）『ヒトはいかにして生まれたか　遺伝と進化の人類学』講談社学術文庫、講談社
●鳥居深雪（2009）『脳からわかる発達障害－子どもたちの「生きづらさ」を理解するために』中央法規出版
●湯汲英史（2003）『なぜ伝わらないのか、どうしたら伝わるのか－「双方向性」のコミュニケーションを求めて（発達障害を理解する①）』大揚社

第 4 章

あそびと学びの実践

① 体と感覚の発達

　放課後等デイサービス（以下、放デイ）は、長いこども時代、その子に寄り添う支援です。幼くて保護者の手を離せなかったこどもが、やがて学校の先生や仲間たち、支援者との関係性の中で社会性を身につけ、母子分離、自立へと進む、ダイナミックな変化の時期。この変化、成長・発達を支える基盤は乳幼児期から育まれてきた運動能力と、身近な大人との応答的な関わりの中で育ってきた情緒的な絆、そこから生まれる他者への信頼や自我…です。障がいや疾患があっても、こどもはこどもであり、心身の発達に多少のでこぼこはあっても、その子なりのペースで着実に育ち、学齢期に至っています。

　学齢期の放課後、学校でも家庭でもないところで、自分の特性をよく理解してくれる大人と共に、豊かなあそびを通して育っていけるように。支援者は人間が本来もつ感覚をよく知り、あそびの中で、感覚や行動する力を伸ばす支援を目指しましょう。それがひいては、考える力、発信する力にもつながるからです。

1. こどもの発達段階とつまずき

　こどもの発達は、頭から脚へと進みます。首がすわり、支えがなくても上体を保持してお座りができるようになり、つかまり立ちから独り歩きへ。体の動きと同時に、見る・聞く・触れる・嗅ぐ・味わう、といった感覚も育ち、目で見たものを、腕を伸ばして指を使ってしっかりつかみ、腕を曲げて口元にもってくる、といった複雑な動作（協応動作）も、成長発達の段階に応じてできるようになります。

　放デイを利用しているこども達は、この成長発達の段階に何らかの「つまずき」があるために、次のステップにうまく進めていません。しかし、この「つまずき」の部分を支えることで感覚、運動機能を伸ばしていくことができます。

　楽しい「あそび」の中で、「自分でできる！」という自信と挑戦する勇気と意欲を育てていきたいと思います。

2. 五感と体をとらえる感覚

　人間には、「五感」と呼ばれる「見る・聞く・触れる・嗅ぐ・味わう」感覚があります。これらは「外の情報をとらえる」ための感覚で、その感覚の発達や鋭さ、鈍さについても自覚しやすく、わかりやすいものです。

　これらとは別に、自分の体を感じる感覚もあります。体のバランスをとり姿勢を保持する「平

衡感覚」、体の動きをコントロールする「固有覚」です。「触覚」は、触れたものが自分にとってよいものか悪いものか、痛みや心地よさを識別します。この３つの感覚と、「視覚」「聴覚」が協調しあい、バランスよくつながることで様々な活動ができるようになります。そこでできた活動が、また新たな感覚刺激を与えてくれて、新たな活動への意欲や勇気につながり、こどもはより複雑な活動や微細な作業ができるようになっていきます。

　逆に、「平衡感覚」「固有覚」「触覚」と「視覚」「聴覚」につまずきがあると、年齢的には本来できるはずのことができなかったり、できないことで自信や意欲をもてなくなったりしてしまいます。支援者が、これらの感覚について理解したうえでこども達の様子を観察すると、なぜうまくできないのか、が見えてきます。

■ 用 語 解 説

●平衡感覚
「前庭覚」とも言います。耳の奥にある「三半規管」を通して、重力や体の傾き、スピード等を感じる感覚です。この感覚のおかげで、常に重力に抗して姿勢を保持できるので、目を閉じて片足で立った時や揺れる電車の中などで体を真っすぐに保つことができます。物との距離や奥行き、方向感覚がわかるのも、平衡感覚のおかげです。

●固有覚
「固有受容覚」とも言います。力加減や方向など体の動かし方を感じる感覚です。自分の体の大きさや長さを自覚して、滑らかに動かしたり、思うように動かしたり、見た通りに真似をしたりするなどの日常の行動を支える感覚です。また、喜怒哀楽が行動に直結しないように情緒の表出を抑制するためにも必要な感覚です。

●触覚
触れたり触れられたりすることを感じる感覚で、自分の体を自分で守るために欠かせません。何かにぶつかった痛みや靴や衣類が窮屈、と感じる感覚、暗闇で触れたものでも丸いのか尖っているのかを感じ取る感覚でもあり、手先の器用さにもつながります。

② こどものアセスメントとあそびの実践例

1. 基礎感覚と感覚統合

　私達は外界からの刺激を「感覚」として感じます。感じたものを脳の中で「まぶしいぞ」「熱い」と判断して、それに応じて行動します。夏の昼間に外に出て、目から飛び込む光が「まぶしい」と感じると目を細めますし、外の花壇においてあるスコップに触れて「熱い」と感じたら手を引っ込めて、軍手をはめた手で握りなおしたりします。

ボールを見て、「丸いな」「大きいな」と感じ、手で触れて「硬いな」と感じたら手の５本の指を大きく開いてしっかりとわしづかみしますし、柔らかく小さなサクランボだったら、指先でそっとつまみます。

　このように、たくさんの「刺激」を受け取って、「感覚」として分類したり整理したりして、適切な行動につなげることを「感覚統合」と言います。

　感覚と体の使い方が適切につながるためには、周りからの刺激をバランスよく「感じる」ことができること、自分の体をゆがみなく感じて把握し、使いこなせるようになっていることが必要です。感じ方と動かし方がバランスよくつながりあうことで感覚運動機能が獲得されて、周囲の状況に合わせて適切に行動することができるようになります。

　発達にでこぼこがある、と言われるこども達は、この感覚と、自分の体の使い方がバランスよく育っていません。具体的には「基礎感覚」である「平衡感覚」「固有覚」「触覚」と「視覚」「聴覚」の５つの感覚のバランスが悪く、まさに感じ方と動かし方の「感覚」が「統合」されていないのです。

　基礎感覚はこどもの発達の土台であり、まずはこの感覚を育てることが必要です。

図4-1●感覚統合のイメージ

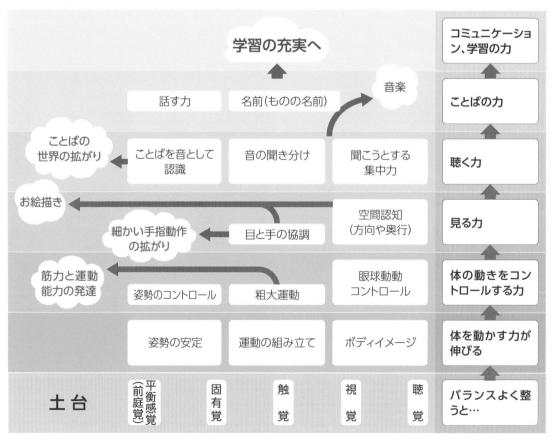

以下、それぞれの感覚に課題がある場合についてみていきましょう。

①「平衡感覚」が過敏だと…ビクビクさん

体を動かされる刺激、とくに足元が不安定であったり、揺れたり、傾いたりすることに不安を感じます。頭や体を傾ける姿勢をいやがり、ブランコやすべり台、トランポリン、エレベーターなどを怖がります。乗り物にも酔いやすいので、校外学習などバスや船などでの移動が苦手です。

②「平衡感覚」が鈍感だと…クニャクニャさん

姿勢を真っすぐに保つことが苦手でぐにゃぐにゃしている、と言われがちです。頭や体をいつも動かしていて、くるくる回ったり飛び跳ねたりする常同運動もよく見られます。ブランコやまわる遊具、吊り橋様のゆらゆら揺れる遊具が大好きです。

③固有覚が未発達だと…ガチャガチャさん

体の「使い方」が下手、です。力加減や動かす速さを調整できないので、動作が乱暴に見えます。「闘いごっこ」や球技でもけりが強すぎたり、必要以上に走り回ったりします。繊細な動作が苦手で、モノを壊したり、自分が何かにぶつかったりすることも多く、思うように文字や形を書くことも苦手です。人の動きを真似する体操やダンスもうまくいかなくて、体に力が入りすぎてぎくしゃくした動きになったりします。

④触覚の感覚が過敏だと…イテテさん

自分が人に触れることはできても人から触れられるのがイヤ。髪をとかしてもらう、頭をなでてもらうのがぞっとするほどいやだったり、仲のいい友達でも、肩を組もうとすると体を引いて逃げてしまったりします。帽子や靴下、手袋、ときには傘をさすのもいやがります。衣服の素材や襟の詰まり具合、しわやゴムのあたる感じも気になり、着るものへのこだわりが強い傾向があります。

⑤触覚が鈍感だと…ヘッチャラさん

痛みにも鈍感で、打撲や擦り傷ができても気づかないこともあります。頭をぶつけたり腕を噛んだり、という自傷行為があるのも、刺激

を求めるあまりのことです。温度を感じる「温覚」が鈍いこともあり、気づかないうちにカイロや暖房器具で低温やけどをしていることもあります。

⑥視覚が過敏だと…キョロキョロさん

　目に飛び込んできたものすべての刺激を同じ強さで脳が受け止めてしまいます。見たいものだけピントを合わせて注視することが難しく、身の回りのすべてが気を引くのでキョロキョロしてしまいます。また、見るだけでなく、それに反応して体が動いてしまい、学校では板書を写すのが苦手だったり、教科書を音読していても行を飛ばしてしまったりします。一つのものをじっくり観察してスケッチしたり見比べたりする、ということが苦手です。また、白いものや光をまぶしく感じてしまい、テレビやパソコン、蛍光灯のちらつきまでも見えてしまって落ち着かない、ということもあります。

⑦聴覚が過敏だと…おミミさん

　私達は周囲の様々な音が耳から入っても、無意識に脳が選別して聴きたい音、注意を向けた音だけを認識して「感じ」ています。聴覚が過敏だと、耳に入るすべての音を脳が刺激として感じます。大きな駅の構内やにぎやかなスーパーマーケット、テレビがつけっぱなしのリビングなどはとても辛い環境です。たくさんの音の中から必要な音だけを取り出して聞くことが苦手です。一生懸命に聞こうとしても、たくさんの音にかき消されて大切な音を聞き漏らすこともあります。また、特定の音、例えば女性の甲高い声や、クーラーや冷蔵庫のモーター音など、ある種の音がとくにいや、ということもあります。

2. 基礎感覚を整えるあそび

　基礎感覚は、本来は就学前に身についている感覚です。したがって、基礎感覚を身につけたり整えたりするあそびや遊具の多くは、幼児のために開発され、プログラムされています。ただし、これらのあそびは決して幼稚なあそびではありません。体格や活動レベルに応じた適切な広さ、大きさ、高さをもって、学齢期のこども達の体に合わせます。また、支援者の声かけや関わり方の工夫次第で、異年齢や定型発達のこども達と一緒に楽しむことができます。安易に「がんばれ」と声をかけるのではなく、がんばれる環境を整えて、「少しがんばればできる」ことに挑戦させてあげましょう。

❶サーキットあそび

　トンネルや平均台、フラフープなどを並べて、くぐったり、バランスをとって歩いたり、跳んだり、を順番にこなしていく「サーキットあそび」は、幼児期から取り入れられるあそびです。学齢期のこども達にも有効ですが、広い場所が必要です。地域の体育館や広場を借りて行うとよいでしょう。

　足の指まで使って踏ん張って自分の体重を感じてほしいので、できれば裸足で行います。

(1)ビクビクさん（平衡感覚が過敏）があそぶときには

　足元が定まらない遊具や、平均台の上を歩くようなときは、支援者は横について片手をつないだり、肩に手を置かせたりします。脚だけでは踏ん張れないように思っても、もう1点の支えがあり、3点で体を支えるイメージをもつことで、体幹が安定して、難しいことに挑戦できることもあります。

　トンネルくぐり、輪くぐりで、四つん這いになって進むときに、支援者の指示が耳に入るようなら、膝と足の指をしっかり使って前進するように声をかけてみましょう。

(2)クニャクニャさん（平衡感覚が鈍感）があそぶときには

　トランポリンが楽しくてやめられないかもしれません。「早く小さくジャンプ！」とか「ゆーっくり、おおーきくジャーンプ！」など声をかけて体の使い方でジャンプが変わることも体感できると、より深く楽しめます。平均台はあえて手を貸さずに、すぐ後ろからついていき、転びそうになったら支えることを保障します。真っすぐに歩くための視線の置き方や体幹を真っすぐにした感じを体感させましょう。

(3)ガチャガチャさん（固有覚が未発達）があそぶときには

　上級生で体が大きいこどもなら、小さい子とは時間をずらしてあげましょう。スピード至上主義！という感じで走り抜けようとするときは、平均台の上で7つ数える間「ゴリラのポーズで止まる」「きをつけの姿勢で10数える」などの新たな「ミッション」を加えてみましょう。また、フラフープを並べたところでは、わっかに触れないようにするとか、トンネルくぐりでは頭をトンネルの壁にぶつけないように、かがんでそーっと通る、などの細かい目標を設定すると、おのずと丁寧な動作を工夫できます。

❷動物なりきりあそび

　いろいろな動物になりきって動きを真似します。自分がイメージした通りに体を動かす「ボディイメージ」を高めます。「のっしのっし」とか、「ゴロゴロゴロ」「どしんどしん」といった擬態語を用いた声かけで、動きとイメージとがつながりやすくなります。

上級生になると恥ずかしがっていやがることもありますが、支援者や低学年の小さい仲間と一緒にやり、その際に「お手本になってね」と声をかけるとよいでしょう。

● 膝やひじを床につけずに四つん這いになる「クマさん歩き」

● 腕の力だけで前に進む「アザラシ歩き」

五指すべてで体重を支えるように手のひらをしっかり広げます。肩から背中にかけての筋肉をしっかり使います。上級生には、クマさん歩きと同じ動きの「雑巾がけ」をしてもらうのもよいでしょう。多少広い場所が必要になりますし、純粋なあそびではなくなりますが、遊戯室やあそびの空間の床がきれいになって周りのこども達や支援者からの感謝のことばをもらえるので、本人たちはまんざらではないかもしれません。

　• ビクビクさん（平衡感覚が過敏）があそぶときには

クマさん歩きでは頭が腰よりも低くなるので怖さを感じるかもしれません。あごをあげて前を見るように促して視野を広くしてあげましょう。静止して前を向いて「ガオー」と吠える、という動作を加えると、怖さが薄らぐかもしれません。

　• ガチャガチャさん（固有覚が未発達）があそぶときには

雑に動いてしまい、腕の力で自分の上体を支えることができないと、顔から転ぶこともあります。手のひらがしっかり広がって、指先までぺたりと床についているかどうか、手のひらの中指の向きが進行方向に向いているように、丁寧に動作を見てあげてください。一歩ごとに「1、2、1、2」と声をかけてゆっくりしたリズムをとってもよいでしょう。

● カエルの足パッチン

四つん這いで、両手で体を支え、脚だけジャンプして拍手、ならぬ“拍足”をします。脚の裏を合わせてパチン、と音が鳴ればOK。肩と腕の筋力と共に、両足を同じ力、同じタイミングで蹴り上げる動作、頭が低くなる不安定な感覚を、ぐらつかない上体（体幹）で克服する感覚を感じることができます。手のひらをぺたりと5指共に伸ばして、床についていることを確かめてから蹴り上げるようにします。

● いもむしゴロゴロ

読んで字のごとく、横になり、両手をバンザイして横にごろごろ転がります。平衡感覚がアンバランスなこどもには難しいこともありますが、1回転したら顔をあげて周りを見るようにして、自分の転がっているコースを確かめたり、ぐらついた感覚を落ち着かせたりしながら繰り返していくと次第に慣れてきます。

❸触れるあそび

● ボディタッチでイメージを高める

個別活動として、自分の体を知る＝ボディイメージを高めるあそびをします。自分の全身を

前と後ろから映した写真を紙に印刷して、目の前の壁に貼ります。支援者は、こどもの後頭部、背中や肩、腰、ひざの後ろなどを軽くトントン、とタッチして「いまのはどーこだ？」とクイズにします。本人は写真の体の部位を「ここ」と指さして答えます。右と左の違いもきちんと考えて答えてもらうようにします。自分では見ることのできないひざの裏、背中は、鏡があれば鏡に映してみて自分の体に「そんなところがあるんだね」と発見して自覚してもらいます。わき腹、くるぶしなどの部位の呼び名も少しずつ覚えていきましょう。

　自分の体を知ることで、体の不調を訴えるときに、「おなかが痛い」ではなく「おへその下のあたりがキリキリ痛い」のか「おへその上がズキズキ痛い」のか、細かく感じてことばにすることができるようになります。

●丸太転がし

　マットの上にバンザイして横になってもらい、ゆっくり横に転がします。自分でゴロゴロ転がるのではなく、支援者やほかのこども達が、丸太を転がすように5メートル程度移動します。平衡感覚が敏感なビクビクさんとあそぶときはゆっくり転がしましょう。また、触覚が過敏なこどもは、体の一部に強い圧がかかることを不快に感じることもあります。毛布や薄い布団などで体幹部を覆って、その外側から押したり引いたりします。

❹歩くあそび

●床に引いた線の上を歩く

　いつも歩く歩幅で、線をふんで歩いてみましょう。つま先だけで歩いたり、右足と左足が外側に大きく離れたりしていないでしょうか。

　床の素材によってつま先歩きをするこどもがいたら、その素材がこどもにとって痛みや不快を感じるからかもしれません。また、触覚が鈍感なヘッチャラさんは、自分で感覚刺激をつくりだそうと（自己刺激）つま先で歩くことがあります。いつもつま先で歩く尖足歩行を続けていると、アキレス腱が固くなって足首の可動域が狭くなります。理学療法士にリハビリ指導を受けると改善することが期待できます。一時的に尖足歩行をするという場合には、あそぶ場所の床の素材に工夫をしたり、あそんだ後にふくらはぎをマッサージしてあげたりして、脚の疲れをとってあげましょう。

　歩幅をできるだけ大きくしてみると、かかとからつま先までしっかり使って踏ん張ることができます。「大男みたいに大股で歩いてみて」などの声かけを工夫します。

● 「運ぶ」要素を加える

　線の上を歩く、というあそびでは、大股に歩いたり、頭の上に畳んだタオルを載せたり、前に真っすぐに伸ばした手の甲に小さなぬいぐるみや空の紙コップなどを載せて落とさないように歩く、という高度なバージョンもおすすめです。

　おのずと体幹を真っすぐに保つ、また視線も足元の線を見たり、進行方向を見たり、と遠近両方を見ることになるので、体や視線の使い方の訓練になります。また、おやつの準備のため

にお盆に何かを載せて運ぶという動作は、体幹を真っすぐ保って歩くだけではなく、左右の手の協調運動を育てることにもつながります。平衡感覚が鈍いガチャガチャさんに、ぜひ挑戦してもらいたい作業です。完了後に「ありがとう」と言ってもらえれば、本人は「できた！」という達成感と共に自己有用感も味わえます。

❺走るあそび

●追いかけっこ

　タッチされないようにお互いに追いかけたり追いかけられたり、という単純なあそびです。凹凸のある地面であれば、足元のでこぼこに対応して足をより高く上げたり軽く飛んだり、狭いところを通るときにぶつからないように体を斜めに向けたりしながら走ります。ボディイメージと視覚、体の使い方の巧みさが求められるあそびです。異年齢の集団でも楽しめますし、こどもと支援者のマンツーマン、もしくは数人の小集団でも、短時間で楽しめます。自分が走る方向と、人が自分をめがけてくる方向、いろいろな方向を見ることになるので眼球運動が促されます。

●しっぽ取りゲーム

　紙のひもや細長い風船を各自のお尻に結び付けたり、ズボンのウエストに挟んだり、テープで固定したりして、互いに取り合うあそびです。自分の背面を意識しながら走り、同時に他の人のしっぽをねらって追いかけて取る、という多方面の意識と活動を求められるあそびです。触覚が過敏で人に触れられるのを嫌がるイテテさんでも、直接触れ合わなくても大勢で楽しめます。

　むやみに走り回ってしまうガチャガチャさんは、自分の背後に意識を向けたり、しっぽを守って後ずさりして逃げたりと、多方面を見て、臨機応変な体の動きをすることは、はじめのうちは苦手かもしれません。支援者が多様な体の動きを見せると、それを参考に体の使い方を自分で開拓する、主体的に工夫できるチャンスに満ちたあそびです。「うしろ、ねらわれてるよ」「バックで逃げろ！」など、逃げ方＝体の使い方を示唆することばかけを心がけましょう。

❻跳ぶあそび

●トランポリン

　平衡感覚が未発達の状態だと、トランポリンでジャンプしたときにうまく着地できません。本人が怖がるようなら無理にさせる必要はありませんが、大きなトランポリンなら支援者が一緒に跳んで挑戦を促すのもよいでしょう。

　トランポリンでなくても、支援者が両手をつないで、本人のジャンプに合わせて引っ張り上

げてより高いジャンプをサポートするのも、自力でのジャンプよりもはるかに高く跳べるので楽しめます。このあそびでは、トランポリンのように柔らかいところに着地する場合よりも、着地の際に、足の裏や膝、腰に、自分の体重や衝撃をより強く感じるので、触覚が過敏なイテテさんや平衡感覚が敏感なビクビクさんには刺激的なあそびです。支援者との信頼関係があればしっかり楽しめるものです。

●ジャンプでタッチ

　室内であれば鴨居や天井から目標になるものをぶら下げて、ジャンプしてタッチする、という簡単なあそびです。目で目標物までの距離・高さをはかり、目標に届くようにジャンプをするため、体幹やひざ、腰などを傾けたり曲げたりして、呼吸を整えてジャンプすることが必要です。むやみに動きたいガチャガチャさんにとっては、静止を必要とするこのあそびを通して体の使い方を制御することを体感できます。

❼止まるあそび

●だるまさんがころんだ

　動きたくてたまらないガチャガチャさん、あるいは多動傾向のあるこどもには、ちょっとだけ動きを止めたり待ったりするあそびを通して自分の動きをコントロールする力を育てることができます。異年齢のこども達の集団であそぶ場合には、足が止まっていれば上体の動きがあってもよしとするとか、小さい子は1回だけお目こぼしするなど、こども達と話し合ってルールを調整してもよいでしょう。

●ストップ！ポーズ

　みんなでランダムに歩きます。太鼓がポン、と鳴ったら動物のポーズで静止します。支援者の側で、太鼓をたたくと同時に「うさぎ！」「タヌキ！」など、動物を指定してもよいでしょう。歩きながら聴覚も研ぎ澄まして、指示を聞き取ってイメージ通りに体を使って動物を表現する、という感覚と動作の統合が求められます。動物に対するそれぞれのこども達のイメージも様々で、お互いの独創的な表現も楽しめます。

❽くぐるあそび

●なべなべそこぬけ

　2人で両手をつないで「なべなべ、そこぬけ〜」とうたいながら両手を左右に揺らし、「そこがぬけたら返りましょ」で両手をつないだまま一緒に手をくぐって裏返ります。正面で向き合っていた相手と、一気に背中合わせになり、背中と背中が触れ合う感覚も楽しく、ボディイメージがぼんやりしているこども達にとっては、「背中」の存在をはっきりと認識できる、新鮮な驚きのあるあそびです。集団でやると、つないだ手を放すことなく1か

※集団でもできます

所の腕の下を順番にくぐりぬけることで大きな輪が裏返る、という達成感と、前向き→後ろ向きの変化を楽しめます。

● トンネルくぐり

　サーキットあそびにも取り入れられることが多いあそびです。トンネルだけでなく、支援者が宙に浮かせて持っているフラフープの中を通ったり、段ボールで作ったトンネルを通ったり、支援者が両手を床につけて四つん這いになってトンネルになり、その下をくぐってもよいでしょう。自分の体をどのくらい小さくしたら通れるか、手と足をどの順番でくぐったら素早く通れるか、ボディイメージを育みながら楽しめます。

3. 水中運動あそび

❶水の不思議なパワー···~水中運動あそびの効果・育つ力·~

　水の中の世界はこどもにとって、非日常的であり新しい体験です。水の世界との出会いを大切にしましょう。水を感じ、水と仲よくなり、水の中で体を動かしてみましょう。水中で手を動かすと抵抗を感じます。冷たくてゆらゆらする、パシャパシャやるとなんか面白い。体がふわふわする感じも楽しい。このように水の特性を利用して、こどもの好きな感覚を広げましょう。陸上で実施しているあそびを水の中で行ってみるのも一つの方法です。支援で大切なのは、楽しくあそびながら水の特性を全身で感じてもらうようにすることです。

　水の特性は、①水温②浮力③抵抗④水圧などです。あそびを通じて様々な感覚を体験しましょう。陸上では動きが制限されているこども達こそ、重力から解放される水の世界が心と体をリラックスさせてくれます。

　水の特性を利用しての水治療法（すいちりょうほう）の効果としては、

　①筋緊張を抑制しリラクゼーションを引き出す

　②関節の可動域の拡大・拘縮の予防

　③動きの拡大・獲得

　④筋力強化

　⑤循環機能の改善

　⑥バランス能力の拡大

　⑦運動意欲の醸成（できた！楽しい！）

　⑧満足感・達成感など自己肯定感の醸成

などがあげられます。また、プールでの活動は、基本的生活習慣を養うよい機会です。排泄、着替え、体をふく、荷物をまとめるなど、十分に時間をとって丁寧に関わりましょう。プールに入る前と後の行動もプログラムに組み込み、手順やマナーなども繰り返し体験しましょう。

　プールや水の環境への適応は無理のないように、こどもに合わせてスモールステップで行い

ます。不安を取り除くことを大切にしましょう。「水中運動あそびが楽しい‼」と感じることが一番重要です。まずはこどもの好きな動きやあそびを行い、その動きから「できること」「好きなこと」を抽出し、水中での動きを広げましょう。また、水中での個々のあそびと共に、友達との関わりも含めて「水との関わり、他者との関わり」の視点から、ゆっくり時間をかけて進めていきましょう。支援者も一緒に楽しむことが大切です。水の特性を生かしたあそびを体験しながらこどもの笑顔を引き出しましょう。

❷水の特性を生かしたあそび

　水中だからこそ体験できる動きがたくさんあります。ジャンプ一つとってみても、陸上でのジャンプとは違う感覚です。「1、2、3」でジャンプすると、浮力と重力を感じ、また水の抵抗や水圧を全身で感じることができます。こどもが自ら自分の体を感じ、知る機会となります。

⑴ある放課後等デイサービスの水中運動プログラムの例

　様々な特徴のこども達がいます。こどもの特性を理解したうえでプログラムの流れを考え、個別プログラムと集団プログラムを組み合わせて計画するとよいでしょう。挨拶・水中体操・ゲームなどは集団で楽しみましょう。個別のプログラムと集団プログラムを自然な形で連動させると、流れがスムーズになります。遊具や浮き具、音楽などを活用し、こどもの興味・関心を引き出し広げていきましょう。

【ある日のプログラム】

- 挨拶（集団）
- 腰掛キック（集団＋個別に手助け）
- 水中体操（集団）
- 呼吸（個別）
- 水中歩行（前歩き・後ろ歩き・横歩き）（個別）
- 壁けり（個別）
- 浮く（蹴のび➡伏し浮き➡バタ足、背浮き）（個別）
- 泳ぐ（進む）（個別）…浮きの姿勢からスカーリング（腕のかき）で進む。腕のかき、キックなど。バランスを保ちながら浮き身がとれるようになれば体のどこかを動かすことで進むことができる。「オリジナル泳法」
- フリー水泳（自由にあそぶ時間を取る。こどもの自発的なあそびを引き出す）
- クーリングダウン（水中体操など）集団＋個別に手助け音楽に合わせてアクアビクスを行うこともできる。こどもが考えた動きなど、楽しむ工夫をしよう。

【プログラムの例】

水中体操

ストレッチ・ジャンプなどを行います。

腰掛キック

ボールを遠くにキック。

バタ足

フープくぐりで水平姿勢を保つ。

フリー水泳

自由に好きな遊びを行う心も体もリラックス。

ダイブリング拾い

沈んでいるリングを拾う。水中で目を開けて潜る。

水中歩行

水の抵抗の助けを借りて水中歩行。

円形での活動

ゲームや体操など。

蹴のび①

足底を壁につけて膝を曲げて両手を前方に伸ばす。

蹴のび②

水平姿勢の保持。

1列での活動

横並びの形態。向きを変えて列車あそびに発展（水中でバランスをとること）。

背面蹴のび

足の裏を壁につけて丸まった姿勢から全身が伸びる姿勢に変化させます。足で壁を蹴る伸展運動が全身の伸びを誘導します。

呼吸

陸上と水中で一番違うことは呼吸です。顔が水に近づいたら息を吐くことが自然にできるようにします。

⑵重症心身障がい児の水中運動

　気管切開や障がいの状況から多様なあそびの経験が困難なこども達の水中運動の例を紹介します。

【準備】

- **安全に行うためのスタッフ**：医師、保健師、看護師、理学療法士、放デイ担当者、特別支援学校教員、保護者など。プール環境の確保などのため、多職種の専門家がチームを作り実施します。医師には事前の助言をもらいます。直接こどもの水中活動を主導・補助する人以外も、ここでの様子を見て、日ごろの教育・支援に生かすため参加します。
- **水の環境**：水質を確保するために開館前の時間を利用するなど、リスクを排除しましょう。体温調節が苦手な子もいるので、水温を一定に保ち、体温をチェックします。
- **リスク管理**：活動は個別のプログラムを行います。気管切開があるこどもは、気管切開部から水が入ると非常に危険です。そのため、背後から支える人と前から観察して気管切開部を守る人が必要です。看護師も、水や痰を吸引できるように準備して、プールサイドのいちばん近いところで待機します。
- **体調管理**：その日の体調を確認します。体温や呼吸の状態、分泌物がいつもと変わりないか、機嫌はいいか、といったことを保護者と確認し、それに合わせた活動プログラムとします。また、四肢の可動域を確認し、直接サポートする人全員で共有します。

【活動中】

- **観察**：活動を開始したら、常にこどもの反応を観察します。
- **疲れさせない**：入水時間はその日の活動内容や体調で調整します。障がいが重いこども達は体力に余裕がないので、疲れたら水から上がる、では遅いのです。「無理のないように」というのは、具体的には、疲れの予兆がみられたら活動はそこまでとして、休憩、おしまい、とするということです。「もうちょっとあそびたい」と思うところで、また今度、と楽しみを次につなげます。
- **活動を楽しむ**：活動中は、観察・管理のまなざしばかりではこどもも楽しめません。活動中は楽しい声かけをします。「水の中は気持ちがいいね」「体がまーっ直ぐになるねえ」など、楽しく、かつ自分の体を感じるようなことばをかけます。

母さんも嬉しいよ。見つめあっちゃうね

水の中は気持ちいいな～背中が伸びるなあ

お母さんに支えてもらうと安心だよ♥

自分の体の重さを感じたかな?

自分の内臓の重さも感じちゃたよ…! びっくりした!

【実際の内容】
- 浮力を利用してのリラクゼーション：後頭部と首から肩にかけて一人が支えながら仰向けに浮かばせて、頭の方に向けてゆっくり水面を移動します。
- ロケットジャンプ：水中にいったん垂直に乳首のあたりまで沈み、そこから一気にロケットのように飛び上がらせてあげます。「ジャンプ！Ａ君、俺の体は重たいなあ、感じたか〜？自分の体はこんなに重いんだぞ〜」と自分の体を感じる面白さを言語化してあげます。
- 水中で四肢をゆっくり動かす：「体がふにゃふにゃするよ〜」と声をかけて柔らかい動きを自覚させたり、視線がキョロキョロして周囲を感じている様子に気づいたら「キョロキョロしてるねえ、お母さんを探しているのかな？」などの声かけで、多様な感覚を共有します。

【活動の成果】
　心身のリラクゼーションを生み、呼吸循環機能を高め、自発的運動を誘発します。保護者もともに活動することで、親子のリフレッシュやQOLを高める機会となり、こども自身が自分の体を自分で感じる機会にもなります。

❸安全にあそぶために

　こどもの安心・安全・快適を保障してこそ「楽しい」を引き出すことができます。そのために必要なことがいくつかあります。

⑴こどもの特性を理解しておくこと

　①身体の状況

　　緊張の様子、反りやすい、丸くなりやすい、首の安定の状態などを把握しておきます。首が座っていないこどもの場合は、水中では後頭部から首、肩甲骨までをしっかり支えます。こどもの体調やプール環境などの事前チェックはもちろん大切です。とくに体温調節が難しいこどもは、入水前後の体温を測定するなどの対応をします。普段と違う体温の時には活動は控えます。

　②知的・精神的・感覚的な面での特徴の理解

- 視覚的な指示（図示する、実際にやってみる等）：ことばの指示ではイメージがつきにくくて混乱します。実際にやって見せることが効果的です。
- 聴覚過敏のこども：水の音よりも、大きな声での指示や室内プールであれば音の反響に驚いてしまうことがあります。周囲にも協力をお願いしておきます。
- スケジュール通り進まないと混乱する子：見通しがつくようにあらかじめタイムスケジュールや活動の順番を説明し、プールサイドに掲示して確認できるようにし、こどもが安心して参加できるように工夫をしましょう。

⑵有効で安全に介助するためのポイント

　普段とは違う水中活動は、それだけで多くの刺激をこどもに与えているので、表情・視線・ジェスチャーなどを有効に活用しながら、最小限の声かけ指示でこどもに伝わるようにします。また、こどもの視線、呼吸の様子、四肢の動き、ふるえや手足の冷たさや唇・肌の色を観察して、こどもの体に無理がないかを観察します。そのうえで、こどもが行おうとしている活動に対して無理のない介助を行います。水の特性である浮力・抵抗・乱流などを活用して、関節の動きが水に逆らわないよう、自然な動きを引き出すように導きましょう。

①介助者は、こどもの動きに対応できるように、膝を曲げて前後左右にスムーズに動けるような安定した姿勢で行います。肩まで水につかり足は肩幅くらいに開き両手を水平に前方に伸ばします。チェアーポジション（いすに腰かけたような姿勢）で介助すると安定します。バランスをとって、こどもの呼吸を確保して、こどもに不快な体験をさせないようにします。

②介助者はこどもの脇を支え、こどもの安定を作り出します。浮力は時としてバランスを崩すきっかけとなり「怖さ」につながることもあります。安定した介助により不安を取り除き、こどもの自発的な動きを引き出すことができます。自分から動くことがこどもの自信

【介助の姿勢の例】

脇の下を支え、向かい合わせで声をかけて視線を合わせて安心して入水できるように。

水平姿勢がとれるように支える。こどもの様子に合わせて介助の程度を調整する。

アップダウン。呼吸コントロールや潜りの準備。水中から水上への動きの経験。介助者も一緒に上下するとよい。

介助者は膝を曲げてこどもの動きに合わせて移動できる体勢をとる。介助者は後進しながらリラクゼーションを引き出す。

こどもを背後から介助する。慣れてきたら、介助者の手にこどもの手を重ねて、こどもが自分でバランスをとるようにする。

体操やゲームなど、円形になって行うとコミュニケーションを引き出すことができる。介助者は声をかけて楽しい雰囲気を作り出す。

につながります。

③介助しながら、浮きの姿勢の確認やバランスをとるための姿勢の確認を行います。浮き具を使わずに、こども達の水中での動きやバランスのとり方を把握しておくことも、こども自らの力を引き出すためには大切なことです。こどもの水中バランスに適した介助、そしてこどもの動きを妨げないような必要最小限の介助を行います。手をつなぐときは、介助者の手のひらの上にこどもの手を重ね、こどもの手を握らないようにします。こどもが自らバランスをとれるような介助をします。

❹生涯スポーツにつなげよう ～水の中でもっと楽しく、もっと自由に～

　水中運動は、リハビリテーションの側面、自信を身につけたり、仲間づくりのためという面だけでなく、レクリエーションとしての効果が期待できます。水中運動あそびを継続し、水の中での様々な動きを習得して水中で安心していられるようになり、水であそぶことが好きになると、「家族や友達とプールにあそびに行く」、また「海にあそびに行ってマリンスポーツを楽しむ」等、生涯スポーツにつながります。現在は、障がいのある人も楽しめる海のプログラムが準備されているところもありますし、そういうところではトレーニングを受けたインストラクターやボランティアなどの支援もあります。様々な人の支援を受けて、生きがいをもって生きていくこと、そして、自己実現できる社会がノーマルな社会です。水中運動を生涯スポーツとして楽しんでほしいと思います。

4. 感覚が統合されたら

　基礎感覚が整うと、体の内外からの刺激を適切に「感じ」、それに基づいて無意識に姿勢を制御し、運動を企画できるようになります。眼球運動もコントロールされて、ひいては目と手が協応して動くようになります。

事 例 ▶ 4-1　特別支援学校高学年のアキラ君

　水頭症のためシャント術施行。手指動作はほぼ自律的に行えます。視覚、聴覚も問題ありません。意思表示は表情や声で明確に表現しますが発語はなく、機嫌がよいときは楽しそうな声を出したり、鼻歌を歌ったりします。

　おもちゃや道具について、手触りで選びます。選ぶ際には、見たものを自分で触れて選ぶのではなく、支援者が手に握らせたものについて、嫌いな手触りならそのまま後ろにポイと捨てます。気に入った素材なら口元に近づけて匂いを嗅ぐようなしぐさをするだけです。目で見たものを自分で選んで手に取ることがありません。

　視覚と、手で操作する力（触れる、握るなど）を統合して、「好きなおもちゃ」に出会い、あそんでほしいと思い、いろいろなおもちゃを並べて一つずつ触れてもらうところから始めました。木の積み木、プラスチックのブロックには興味がわかないようなので、柔らかい素材のお手玉を勧めてみたものの、後ろに投げてしまいました。

　目の前にはスポンジで作ったポンポンがありますが、目に入らない様子。そこで、支援者が「見ててよ〜」と声をかけながらスポンジをぎゅっと握り、目の前でぱっと手を離すと…。とても驚いた表情になり、声を出して喜びました。この後、スポンジフラワーを手に取って、振り回したり、顔にくっつけて感触を楽しんだりしました。

　アキラ君は花のように、パッとして色彩が鮮やかなものが好きらしい、とわかりました。そこで、それに類したおもちゃを用いて、他のこどもとの関わりを増やすよう促しました。

　指先でつかむ力もしっかりしてきたので、色の鮮やかなタオルを握って支援者と引っ張り合いをしてあそぶようになり、タオルの動きを目で追って笑い声をあげて楽しんでいます。

❶目と手の協応で楽しめるあそび

● 輪投げ

　幅広い年齢のこどもが楽しめるあそびです。ターゲットまでの距離や、ターゲットに番号やアルファベットを描いて、「何番をねらいますか？」「1、2、3って、順番にはめていくよ」といった声かけや設定で、数字や文字のあそびの要素も入れて、異年齢のこどもが一緒に楽しめます。

　目でとらえたものをねらい、手、腕はもちろん、投げる距離によっては全身を使って輪を投げる、体の動きと集中力を要するあそびです。こども達が輪投げをする様子を見て、目と手の協応や姿勢の安定・制御、体の動かし方の制御の様子をアセスメントすることもできます。

●風船バレー

　風船を目で追って（追視）、それを手で打つ、というあそびです。風船を追視しながら、それを打ちやすい位置に自分から移動して、風船をめがけて手で打つ、という動作をします。風船の動きを追視して手を協応させて動かす練習になります。

❷目と手の協応

●絵を描く

　目と手が協調して動くようになると、絵を描くことを楽しめます。目が定めたスタート地点から、ゴールまで、鉛筆やクレヨンを握った手が、線を描きます。描いた線が遠くまで弧を描いて、スタート地点に戻ってきて、ゴールとスタートが重なったら、「〇」を描けるようになるのです。目と手が協調して、描きたい線を描けるようになったら、いよいよ文字とことば、「学習」といういちばん楽しいあそびの世界を楽しむ力が身についた、と言えるのではないでしょうか。

③ 個別指導で豊かなあそび

1.「個別指導」の目指すもの

　平日の放デイの利用時間は3時間程度と限られています。短い時間に他者とのコミュニケーションや社会性を身につけるための「集団プログラム」と、個々の特性に応じた目的を立てて行う「個別指導プログラム」を両立させるのは大変です。とはいえ放デイで、もっとも丁寧に計画を立てたいのは「個別指導プログラム」です。その日その子のためにどんなあそびを用意するか。そのあそびはどんな目的のために、どのように提供されるのか、検討しましょう。

　あそびの目的が明確であれば、仲間と切り離して一人で指導をしなくてもよいと思います。みんなで行う活動やあそびの中で、その子の活動目的のために支援者がどのような声かけや関わりをするかをあらかじめ考えておきます。支援者がそれを外さなければ、集団であそびながら個別指導ができる場面も多いでしょう。

　集団プログラムにはみんなであそぶ集団あそびと、生活の中の動作を向上させるための共同作業があります。食事の準備や片付け、掃除、洗い物、といった作業は、生活の自律に欠かせないものです。

　学校卒業後の自立を目指し、小学生のころから自分のできる範囲で、自分の身の回りのことは自分でやる、という生活の力を身につけてほしいと思います。それは、障がいの有無や程度にかかわらず、すべてのこどもに必要なことです。「みんなで楽しく働く」という集団プログラムもぜひ取り入れてみてください。

❶集団あそびの中の個別指導

●カードゲーム

トランプのようなカードゲームは、手指動作が苦手で、しっかり握り続けることが難しいこどもには、カードをまとめて持ち続ける、というのは至難の業です。本人と工夫しましょう。また、手の動きと眼球運動がしっかり結びつくと、仲間の持つトランプの束から、よく見て選び、抜きだす、という動作ができます。

数字が苦手なこども達にもトランプはうってつけです。「７並べ」をすると、A（エース）と２から10までの数字とナイト・クイーン・キングの絵柄を、４種類のマークに分けて（カテゴライズして）、並べるという高度なあそびを楽しめます。

「順番を守る」「負けても不機嫌にならない」といった「ルールを守る」体験を積んでいけるあそびです。

●すごろく

サイコロを振って、出た目の数だけコマを進める…という、幼児から大人まで楽しめる、伝統のゲームです。サイコロを転がす、という動作からして、たくさん動きたいガチャガチャさん（固有覚が未発達）には難しく、ちゃんと転がって止まるように投げる、手の使い方に工夫が必要です。サイコロを２つ使えば、出た目の数を足す、という算数の要素も加わります。また、盤の上を数を唱えながらコマを持ち、マス目に沿って一つずつ進める、という複雑な動作を求められるあそびです。

それぞれ、その子の課題と目標に応じて、「サイコロは手のひらから、そーっとこぼすように転がしてみてごらん」「３と５、足したらいくつになる？」など、その子のあそびの課題と目標に沿った声かけができるように意識しながら、支援者も一緒にあそびましょう。

❷暮らしの中のあそび

●調理：おやつ作り

おやつ作りは集団プログラムにぴったりの作業です。集団を構成するこども達は、幅広い年齢で多様な特性をもっています。したがって、「課題」も、「目的」も、そのための「目的達成の方法」もいろいろです。準備からテーブルに並べてみんなで食べるまで、おやつ作りは作業工程を細分化することができます。一つひとつの「お仕事」をこども達の「目的」に照らし合わせ、支援者のことばかけや関わり方の工夫で「目的達成」に生かすことができます。

事 例 ▶ 4-2　みんなでヨーグルトケーキを作ろう

５名のこども達は年齢も特性も様々ですが、作業を細分化し、それぞれの特性に合わせた役

●おやつ作りの作業工程と役割分担

それぞれの特性と作業内容		自閉症 中2Mさん	ADHD 中2Kさん	自閉症 小5Tさん	ダウン症 小3Nさん	弱視 小2Rさん	気をつけること
作り方の確認	各自の作業と全体の流れをカードで説明する						カードを示してやることを説明した後、各自に「○○さんのミッションだよ」と手渡す。各自支援者と「自分のやること」を確認する
道具をそろえる	ボウルを出す	○					用途に合わせて大きさと数を考えて出す
	泡立て器を出す				○		引き出しのたくさんある泡立て器から、大きさと必要本数を考えて選び出す
	ペーパーカップ（ケーキ型）の準備					○	「こどもは何人？」「大人は何人？」「合わせて何人？」作業台を上から見渡せるように低いテーブルで作業する
材料をそろえる	卵を出す		○				はしゃぐと動作が荒くなるので、「卵が割れないように、そっとお願いします」と声かけする
	ホットケーキミックスをはかる			○			ばねばかりを使用。目盛りを指さし、声に出して確認する
	サラダオイルをはかる				○		大さじ4。「1，2，3…」と一緒に声に出して計り、小鉢に入れる
	ヨーグルトをはかる	○					ヨーグルト1カップ。容器からスプーンでカップに移し、「とんとん」とならす
つくる	卵を割る		○	○	○	○	1人1つずつ。ぶつけるときの力加減、割るときの指先の力の入れ方をそれぞれに支援
	卵を溶く	○					集中するとよだれが出るので歌いながら
	粉と卵を混ぜる		○				力ずく、乱暴にならないように、泡立て器は手首から回し、はじめはゆっくり混ぜる
	ヨーグルトを入れる	○					動作がゆっくりだが、周囲がせかさないように「丁寧だね～」と肯定的に声掛けする
	サラダ油を入れる					○	最後にみんな交代で混ぜて種を仕上げる
	ペーパーカップに流し込む			○	○	○	Rさんがカップを押さえ、あとの2人が玉杓子を使って流し込む。「全部同じくらいの量になるように」「ちょっとずつ・ゆっくりでいいよ」
焼く	オーブンの自動機能	○					オーブンの調整は支援者が行い、Mさんが「スイッチオン」する
食べる準備	テーブルを拭く				○		布巾を濡らして軽くたたんで「タテ絞り」で絞る。力が弱くてもしっかり絞れる
	コップを運ぶ		○				こどものコップ5つをお盆にのせて運ぶ
	お茶を注ぎ、配る					○	コップに注ぐときの音を聞いて、大きさの違う5つのコップにちょうどいい量のお茶を注ぐ。支援者は声かけせずにコップを抑えるだけ
	焼きあがったケーキを配る	○	○				座って待っている低学年の仲間は「ありがとう」と声をかける
いただきます、の発声				○			なかなか声が出ないが、数十秒のことなので、「慌てない慌てない」「深呼吸して、いい匂い」など声をかけ発声を待つ

割をもってもらいます。別表のような工程で行いました。作業が終わるごとに「できた！」と報告してもらい、みんなで「ありがとう！」「上手にできたね」と声をかけ合います。

　大人のペースで考えると、動作が緩慢な子、不器用なので丁寧にやろうとすると時間がかかってしまう子などいろいろですが、「待つ」ことと「大丈夫だよ」と肯定的に声をかけることで、こども達の意欲を削がないようにします。おやつ作りは本来楽しむためにやっているので、叱られたりせかされたりしたら、「やらされている作業」になってしまい、調理という日常生活の行為そのものが嫌いになってしまうからです。

●片付けと掃除

　活動の節目に「片付けだよ」と声をかけて整理整頓する習慣を養うようにします。「きちんと」とか「ちゃんと」という抽象的なことばではなく、「青い引き出しに入れます」とか、「縦にして置きます」と具体的に指示します。

　土曜日や長期休暇中は活動時間がたっぷりあるので、掃除の時間を設けてみましょう。掃除に使う道具もいろいろ用意しておくと、これはどこをどのようにきれいにするためのものか、こどもたちと一緒に考え、工夫して使うのは楽しいものです。

　また、中学生、高校生と掃除をするときは、重曹や酸を使い分けて、化学実験のようにするのもよいでしょう。油汚れに水で練った重層を塗り付けてこするときれいに落ちるとか、水周りのぬるぬるした汚れは酸（酢やクエン酸など）をかけて磨くと落ちる、など。整頓された清潔な環境の感覚は、ことばでは伝わりません。自分の手で整えた、きれいにした、ということで達成感を得られます。同時に、「きちんとしている」という抽象的な状況を具体的に体感することができます。

●畑仕事

　プランターや畑に野菜を育てる、という活動をしている事業所も多くあります。畑仕事・庭仕事は視覚、触覚、嗅覚、聴覚に多くのよい刺激を与えてくれて、さらにスコップや鍬を使うためには体幹を使うので、平衡感覚や固有覚をフル稼働させるよい機会です。種まきや間引きといった細かい作業は手指動作のよい機会ですし、失敗しても自然の力で挽回してもらえるありがたさもあります。

　触覚が過敏で、普段は土や砂が手や服につくことをいやがるこどもも、仲間と一緒に畑仕事にいそしむとなると、「いやだ」という心のカベをあっさり越えることができたりもします。

　植物の栽培には長い時間がかかりますし、天候に左右されやすいので必ずしも収穫・成功できるかどうかはわかりません。それでも、春から夏にかけての植物の成長は著しく、毎日の観察と世話はこども達の大きな楽しみになります。

　普段、観察され、見守られ、世話をされているこども達は、見守ったり世話をしたりという活動をするときは、「されている」ときとは違った表情を見せることがあり、支援者のほうが

驚かされることもあります。発達にでこぼこがあるこども達の成長には時間が必要ですが、植物を育てることも同じように時間がかかるので、こども達とじっくり楽しむにはちょうどいいあそび、と言えるでしょう。

　種から育てるなら、レタスやバジルといった葉物野菜がよいでしょう。プランターや窓際の小さな鉢でも育ち、成長も早いのでこども達と変化を楽しめます。秋から冬にかけては、ニンジンや大根の水耕栽培もよいでしょう。こまめに水を替えたり、日に当てたり、という「お仕事」を通して、世話をすること、応えてもらえるうれしさを体験できます。

　「畑」と呼べるスペースがあれば、苗から育てる野菜、トマトやナスが楽しいでしょう。花が咲いて、実がなるという過程を何度も楽しませてくれ、秋になるまで収穫し続けることができます。ジャガイモやサツマイモも、「お芋ほり」というイベントを楽しみに世話をして、みんなでイベントを計画したり、どんな料理に使おうかと考えたりして、長期間にわたりあそびのプログラムのテーマに据えることができます。

④ あそびと学び

1. あそびから学びが生まれる

❶科学に通じる知的欲求

　放デイに通う学齢期のこども達は、知りたい、できるようになりたい、という知的欲求が旺盛です。放デイの活動の中でも、こども達の問いはまさに科学の目指すもの—「存在の発見」「起源の探究」「過程の解明」「原理の応用」—そのものです。

　「これなぁに？」「見て、こんなの見つけたよ！」こども達が発信する疑問や不思議なものとの出会いの楽しさは、「存在の発見」です。

　「これ、どこから来たんだろう？」「どうしてこんな形してるの？」…発見したものがどこからきて、どうしてこんな様子になっているのかを知ろうとする「起源の探究」です。

　「どうやったらできるの？」「作り方をおしえて」…「過程の解明」の姿勢です。どうしてものごとがこうなったのか、その過程と機序（メカニズム）を知りたがります。

　「これをあんな風に変えて使ったら、もっと面白いよ」…わかったことの上に自分なりの工夫や応用を重ねようとする「原理の応用」です。

この4つの科学の問いかけを引き出し、問いかけに応えるようなあそびを作りましょう。

❷「あそび」と「学習」

こどもの成長・発達を支える「学習」と「あそび」の関係はどう考えればよいのでしょうか。ユネスコ「学習権宣言」では以下のように明言されています。

> 学習権とは、読み書きの権利であり、
> 問い続け、深く考える権利であり、
> 想像し、創造する権利であり、
> 自分自身の世界を読み取り、歴史をつづる権利であり、
> 個人的、集団的力量を発達させる権利である。

こどもが新たなことに出会い、刺激を受け、経験し、そこから何かに気づき、知り、これまでもっていた力をつなげてさらに新たな力を身につける、その過程が「学習」です。学習によって、こどもに限らず、人は変わります。新たな刺激がある限り、人は何らかの変化、成長を続けることができます。その刺激—脳への入力—なしには脳は働けません（大田, 2011）。新たな刺激を得て、「なぜ？」「どうして？」と考え、想像し、創造して世界を自分のものにしていく、学習の機会を与え続けなければなりません。

この意味において、「あそび」と「学習」は限りなく近いものです。個別支援での試行錯誤は、新たな刺激の積み重ねです。すぐに成果は出ないかもしれませんが、「あの手この手」でやってみることに意義があるのです。

❸知的欲求をくすぐるあそび、満たすあそび

散歩のときに虫眼鏡を持っていき、石や木の葉など、いろいろなものを観察して、発見を楽しんでみましょう。タンポポの花を摘んで帰って、花弁の数を数えたり、花を「解剖」して、花弁の根元に綿毛が畳み込まれているのに気づいたり。発見や気づきは「存在の発見」を促します。

車のエンブレムに詳しいこどもと、その由来を調べる「起源の探究」も楽しいあそびです。図書館を活用して、車のエンブレムにあるライオンのマークやVとWを重ねたマークの意味を知ると、それぞれの国の文化の違いもわかるでしょう。国旗の歴史を調べたり、電車の歴史、恐竜の進化など、「歴史」が好きなこどもにとっては図書館で過ごす「起源の探究」の時間はこのうえなく楽しい「あそび」かもしれません。

折り紙あそびをするときにも「どうやって作るの？」が連発されます。一枚の紙を三角や四角に折っているうちに、立体的なもの…動物や虫、花ができあがる不思議を味わうことは、「過程の解明」の喜びにつながります。積み木やブロックでモノを作るときに、丈夫にするにはどうすればいいのか。新聞紙を破るときに縦には破りやすいのに横に破ろうとしてもきれいに破

れないのはなぜなのか。こどもと一緒にメカニズムや過程を考えてみましょう。

　また、身近にあるものでおもちゃや教材は作れます。水鉄砲を購入するよりも、マヨネーズの空き容器があれば立派な手作り水鉄砲になります。どうやったらより遠くに水を飛ばせるか、いろいろ工夫をするのも「原理の応用」でしょう。また、「温めると固まる」卵の性質を利用して様々なおやつを作るのも、「原理の応用」です。「勉強って、いちばん楽しいあそびだね」と思ってもらえれば、支援は大成功！です。

2. あそびづくりはスモールステップで

　障がいがあるこどもの支援をする際には、こども達が一つひとつのことをどのようなステップで習得していくのかを一般的な発達のこどもの場合よりもさらに細かく細分化して、一つひとつのステップをあそびながら身につけられるようにしていくと、支援者もこども自身も楽しみながらできるようになっていきます。

　とくにことばで表現し、読み、書くという力はすべての学びと生活の基盤です。多くのこども達は成長の過程で様々な経験を積み、その中でモノの名前を覚え、文字を読み、書くことができるようになります。しかし、体や脳の一部がうまく働かなかったり、感じたことと体の動きがうまくつながらなかったりすると、うまく文字が覚えられなくて苦労するこども達もいます。学齢期のこども達は、読み書きを習得して、多くの書物に出会い、書物を通して学びを重ねていきますが、読み書きがうまくできないこども達は書物を通して学ぶことができません。

　日本語では、一つひとつの音が文字であらわされていること、ことばは音・文字を並べた "かたまり" であることを理解すれば、いろいろなあそびへとつなげることができます。

　例えば、「しりとり」です。文字カードを使ってりんご、ごりら、らっぱ、ぱんつ…と並べていってもいいし、口で次々にことばを出していっても楽しめます。文字カードを床にたくさん広げて、自分の名前の文字を見つけて並べる、というあそびも楽しめます。

3. ことばあそび

　ことばを構成する音を「音韻」と言います。「ゆきやま」は「ゆ・き・や・ま」という音韻で、「にゅうどうぐも」は「にゅ・う・ど・う・ぐ・も」という音韻でできています。この音韻のつながりでことばができていることを感覚としてわかることを「音韻意識」と言います。

　音韻意識は、多くのこども達は就学前に身につけて、一つの音と文字を対応させて、ひらがなを読めるようになっていきます。しかし、放デイに通ってくるこども達の中には、音韻意識が身についていなくて、ことばを上手に使いこなせない子がいます。音韻意識はひらがな習得の基礎になる力であり、明瞭で正しい発音にもつながります。文字と音をつなげ、音韻意識を育てるのはことばあそびの中で楽しみながらできることです。

❶音韻意識を育てることばあそび

●グリコ・パイナップル・チョコレート

　じゃんけんをして、「チョキ」で勝ったら「チ・ヨ・コ・レ・ー・ト」と６歩前に進む、というこどものころ誰もがやったであろうあそびです。ことばを文字に分解して、伸ばす「ー」（音引）や小さな「ッ」（促音）も１歩に数えます（本来の音韻は「チョ」「ナッ」で一つですが）。文字と音が呼応している、という体感が音韻意識を育てます。

●しりとりあそび

　しりとりは、ことばのいちばん最後の文字に注目して取り出し、その文字から始まることばを探すあそびです。音韻意識が身についていれば手持ちのことばが少なくても楽しめます。生活の中では「あれとって」「こないだ頼んだアレ、ちゃんとしてくれた？」などという漠然とした会話ではなく、モノの名前をきちんと呼びましょう。そうすることですべてのものには「なまえ」があることが身につきます。名前を知ることでモノの存在を認識するのであり、名前を知ることでことばの力は伸びます。たくさんのものの名前であそぶしりとりは、ことばの力を伸ばすあそびです。

●だじゃれ

　「スキーが大好きー」とか「布団が吹っ飛んだ」といった、だれもが知っているけれど、聞いたらついつい笑ってしまうだじゃれ。ことばが音でできていて、音の並びが同じでも意味が違うもの、よく似た音が並ぶことばを関連づけることばあそびです。

　オリジナルのだじゃれを言えるということは、音韻意識がしっかりと育っていると言えます。自分の名前をだじゃれにできるくらいになれば、十分にことばと音、さらに文字の関係性が理解できているということでしょう。

4. 文字を書く

　目と手の協応がうまくできるようになったら、文字を書く、それも自分の思う形にきれいに書こうとすることを支援します。鉛筆でノートに書くのもいいですが、放デイではお習字をやってみるのもいいでしょう。

　とくに、聴覚や視覚が敏感なこどもにとっては、静かな場所で、お手本をよく見て真似をして書く、という作業は落ち着いて集中できる、よい時間になります。また、筆という、力加減で太くも細くも書ける道具を使うことで、力のコントロールを楽しめます。とくに、不器用であったり、力や手の動かし方のコントロールが上手くできなかったりするこどもにとって、微妙な力加減の違いがすぐに見てわかるお習字は、繰り返し書くことで力の制御を習得できるよい機会です。

また、大きく書くことで視覚認知の力が未熟なこどもでも文字のかたちの把握が容易になります。「ぬ」と「め」、「さ」と「き」の違いを把握しきれていないこどもでも、お習字で半紙いっぱいに、上体全部を使って書くことで、違いを目と手、体でつかみ、自分の中におとしこむことができます。

⑤ 「社会」につながるあそび

1. 街に出よう―社会体験

障がいや疾患の有無にかかわらず、こども達は地域の中で育つ存在です。長期休暇の期間中には、地域全体をフィールドにして活動しましょう。地域にこんなこども達もいる、と地域の人に認識してもらうことは、地域の多様性を深めるためにもよいきっかけになります。

事 例 ▶ 4-3 「ランチ」を食べにお出かけしよう

重症心身障がいのモモちゃん。自力で座ることができないので、お出かけにはバギーを使います。ことばは出ませんが表情が豊かで、目でも「語る」ので、意思は伝わります。摂食嚥下のリハビリを継続しており、柔らかいものなら問題なく食べることができます。3年生の春休みに、もう一人の肢体不自由の仲間と、支援者2人とで事業所の近くのファミリーレストランに「ランチ」に行きました。お店にはあらかじめバギーが入りやすい席を予約して、社会体験の発達支援活動の一環であることも説明しておきました。

当日、モモちゃんも一緒に行くユウカちゃんも、いつもよりちょっとおしゃれをしてきました。

お店に入ると、店長さんが「いらっしゃいませ。4名様ですね。お待ちしておりました。お席にご案内します」と丁寧に応対してくれました。テーブルには支援者2人のいすと、こども達のバギーが入れやすいようにスペースを空けてあります。席に着くと「メニューをお持ちしました」と4冊、テーブルに広げてくれます。「お姫様みたいな気分だねえ」と支援者も一緒に喜び、こども達はメニューをじっくり見て、時間をかけて選びます。ユウカちゃんはハンバーグランチ、小さなパンも付けてください、とお願いしました。モモちゃんは「ふわとろグラタン」。店長さんは「かしこまりました。付け合わせのブロッコリーとにんじんは、通常よりも柔らかくゆでて、軽くつぶしてまいりましょうか?」と、ありがたい心配りをしてくれました。

お料理は熱々で出てきたので、支援者が「フーフーして冷まそうね」とスプーンでかき混ぜようとすると、店長さんがニコニコしながら「こんなものはどうですか?」とハンディ扇風機

を持ってきてくれました。こども達も支援者も大喜びしてお料理をちょうどいい温度に冷まして、お口に運びました。2人とも思った以上によく食べて、ほとんど残さず食べることができました。

　帰りにレジで「すごく丁寧に気配りしていただいて、こども達のよい社会体験になりました」とお礼を言うと、店長さんは「とんでもない。いろいろなお客様に来ていただきたいので、どんなサービスをしたらいいのか、考えることはあったんですが…。実際に来ていただけて、私たちもどこまで、どんな風にサービスを工夫できるかを体験できました。私たちにとってもありがたい勉強の機会になりました」と言ってくれました。

　いろいろな特性のあるこども達が、街に出て、いろいろな人と関わりをもつことで、地域の人にとってもそれがよい体験になる、ということを教えてもらえました。

　こども達は、学校、家庭、地域の3つのフィールドで見守られ、育まれていきます。放デイや児童クラブなどの施設は、「地域」の一翼を担う場ではありますが、施設だけが地域ではないことは言うまでもありません。放デイや児童クラブなどをホームベースに、地域全体をこども達の発達支援の場にするために、長期休暇や週末など、活動時間をたっぷりとれる日には積極的に地域に出かけて行ってほしいと思います。

　障害者差別解消法（障害を理由とする差別の解消の推進に関する法律）が2013（平成25）年6月に制定（施行は2016年4月）されてから、公共の施設では施設そのものと施設職員の意識双方のバリアフリーを進めるように努めています。こども達の体調がよければ、公共施設を活用しましょう。もちろん、走り出してしまう子や大きな声を出す子もいます。でも「迷惑をかけるから」と、出かけなければ、こども達の存在も、特性も、地域の人に知ってもらうことも、理解してもらうこともできません。こども達は、学校を卒業したら、地域でいろいろな人の助けを借りて暮らしていくのです。「この子達の特性をわかってください」「この子達を見てびっくりしたり、いやな顔をしないでください」と、ことばでお願いするよりも、こども達自身が地域に出て、出会いの中で地域の人の意識を少しずつ変えていく方が、ずっと効果があります。こども達が地域で、「社会人」として生きていくための力を育むのも、放デイの役目です。こども達を理解し、受け入れる力をもつように地域に働きかけることもその役目の一つです。

事例 ▶ 4-4　公共図書館へ行こう　〜支援記録から

日時：土曜日　午前10:30 〜 11:40（準備5分・移動30分・滞在35分）
行先：M市南図書館

アキコさん──特別支援学校高等部１年。生活動作要介助。自立歩行は難しく、四つ這いで移動。発語１音程度。自制が利かないことがある。力加減が難しい。

ショウさん──特別支援学校高等部２年。生活動作完全自立。おしゃべりも上手で字も読める。行動切り替えや変化への対応が苦手。

コノハさん──特別支援学校中等部２年。生活動作要介助。自立歩行は難しいが、支えがあれば歩行可能。四つ這いで移動。車いす使用。発語１語程度。ひらがなは読める。現在少々反抗期の様子。

ねらい：社会体験（普段行かない場所へ行く。公共のルールに従う。図書館を知る。）

読書体験（新しい本に出会う。自分で本を探し、選ぶ。）

活動の流れ：

時　間	活　動	活動内容・様子	支援者の働きかけ・配慮
10:30	出　発	①あそびの片付け ②トイレ ③水筒を持って集合 ④出発の会（行き先・乗車・車内の約束を確認する）	①介助が必要で時間がかかる児は少し早めに声がけし、トイレへ誘導します。 ③アキコさん：看護師が補水。 ※車いすなど必要な荷物は事前に車へ積んでおきます。
10:50	到　着	①飲みたい人は水筒の水分補給。水筒は車内へ置いていきます。 ②下車（アキコさん・コノハさん：車いす使用） ③館入口付近の空きスペースにて、館内のルールや予定の確認。（会話は小声で控えめに・読んだ本は元に戻す・他の利用者と仲よく使う）（帰る時間・今日借りる本は１冊まで）	③できるだけ、支援者の声が聞きやすく、周りに掲示物や人がいない落ち着いて聞ける場所を選びます。館内の注意書きも確認。
10:52	入　館	①館内を自由に回り、本を選び、読書を楽しみます。 ○アキコさん、コノハさん：車いすを下り、カーペット敷きの児童コーナー内を自由に移動して、気になる本を手に取り、その場で楽しみました。 ○ショウさん：児童書の棚を歩いて見て回った後、靴を脱いで児童コーナーも回りました。 ②１人１冊、借りたい本を選びます。代表してショウさんが支援者と一緒にカウンターで貸出してもらいます。	※車いすの置き場所を図書館員へ聞きます。 ※児：支援者＝１：１ ○アキコさん：本の扱いが苦手なため、支援者が手伝います。身体や動きが大きいため、他の利用者がビックリすることがあります。支援者が周囲の利用者に声をかけ、邪魔にならないよう本棚から離れて読書するようにします。
11:45	退　館	トイレに行きたい人は行き、乗車し帰ります。	

●各児の様子

アキコさん：幼児向け絵本や仕掛け絵本などを選びました。気に入った本は短時間でも繰り返し楽しみ、絵を指し語頭音を口にします。本棚に本を戻す際、背表紙が見えるように置く、というのがなかなか理解できませんでしたが、「次に読む人が探しやすいようにね」と声をかけ、「本のかお（表紙）」と「本のせなか（背表紙）」を説明すると納得し、本の向きを自分で直せました。

ショウさん：気に入った本が見つかるまで館内を周りました。始めて見る本には抵抗感があり、興味が湧いても手に取るまで少しかかります。児童コーナーでは、友達の傍に来

て一緒に読んだり、友達に読み聞かせてあげたりして楽しみました。支援者と一緒にカウンターへ行きますが、一人では「お願いします」と言えず、支援者が「一緒に言おうか」と声をかけると首を横に振り、独り言のような早口で「オネガイシマス！」と頼みました。

コノハさん：1冊選ぶとしばらく時間をかけて、繰り返しじっくりと読みます。絵を一つずつ指さしながらスタッフと一緒に読むのが好きです。物語の絵本は、文を指でなぞりスタッフに読んでくれるよう頼みます。借りる本を選ぶ際に「一つだけだよ」と伝えるとがっかりして癇癪を起しそうになりました。そこで「あとの本はパパと来た時に借りよう？」と提案すると、気を取り直して1冊決め、残りは本棚へ戻すことができました。

● ふりかえり

効果・よい点：
○ カーペット敷きのスペースがある館を選んだことで、自立歩行が困難なこどもも自分の意思で動くことができた。
○ 入館直前に約束事を話すことで、児の意識に浸透させやすい。
○ たくさんの本の中から選ぶ体験ができた。
○ 分野別の排架のため、自分の興味が湧く分野の本を一度に何冊も見ることができた。
○ 本の扱いを知ることができた。スタッフも、それを教える必要があると自覚できた。
○ 公共施設の利用、本の閲覧・借り出しなど、社会ルールに則る体験ができた。

改善点：
○ こだわりの強さや、新しいものへの抵抗感から、自主的に普段の読書とは違う本に触れあうことは少なかった。：スタッフの働きかけが不可欠。たくさんの中から選ぶ経験の少なさ。
○ 公共のルールを守ることが難しい児は利用しにくい。急に走り出したり大声を出してしまう児も利用できるような仕組みはできないだろうか。

2. 社会人になるための「あそび」

　思春期のこども達は、自分たちの「できないこと」を自覚し始めます。周囲の「健常な」「定型発達」の（と言われる）仲間にはできることが、自分にはできない。なぜできないのだろう、自分は劣っているのだろうか、と思うことが増えます。自分の「できること」と「できないこと」との折り合いをつける支援が必要です。また、社会人として生きるため、就労を見据えた支援が必要です。

　個別支援計画を立てるうえでも実際の個別支援の活動の中でも、大切なのはその目標です。

「みんなと仲よく」「根気よく」といった、どの年齢でも、どんなこどもにでも当てはまってしまうような抽象的な表現よりも、「順番を守る」「時計を見て段取りを考える」というように、具体的に表現できるような目標を立てることが大切です。もちろん、「できないこと」をできるようにするだけではなく、その子の得意なこと、好きなことを「生活を支える力」として伸ばすことも支援に取りいれます。

❶仕事の「成果」を自分で感じる

　楽しく、目的をもって行う「学習」としての個別支援に、主体的で創造的で夢中になれる、という要素に加えて、「出来栄え」「他者からの評価」を求められるようになる、というのも、社会人になる・就労することを目指した支援の中では重要な要素になります。

　これまで単に手指動作の上達のために行っていたビーズ細工が、より美しい仕上がりを求められるようになったり、自分たちの楽しみとしての畑作業ではなく、作った野菜を直売所で売るためには見栄えがよいように洗ったり包装したり、ということも必要になるでしょう。

事 例 ▶ 4-5　あそびのように楽しく仕事を

　ある事業所では、「就労」を見越して多様な支援を行っています。

○課題に気づき、そこから支援目標を抽出する
　…昼食を食べ終わった後のお弁当箱の片づけが「ぐちゃぐちゃ」。

個別活動①「お弁当箱の片づけ」

1 ふくろをあけよう	
2 おべんとうをあけよう たくさんの“部品”があるね。	
3 ふたをしめよう	
4 2つをかさねよう 2だんべんとうになりました	
5 おべんとうばこにゴムをかけよう	
6 ゴムにはしをいれよう	
7 ふくろにいれよう	
8 報告しよう ▼ 「おわりました」と言う	

「きちんと」片づけるという、漠然とした目標ではなく、箸やスプーンなどの小さな道具を納めるべきところに「納める」ことから、「きちんとした」状態を体感し、それを自分で作り出すことで自信もつけていきたい、と思い、個別活動の計画を立てました。

実際にやってみると、「部品」の多さから混乱してしまい、途中で投げ出したくなってしまうこどももいます。

そこで、支援者は、部品をバラバラにした後の作業の要素を分析してみました。一連の作業には、以下のような手順と要素があると整理できました。

- ２つのお弁当箱のふたと本体を大きさと色で区別する
- お弁当箱の本体とふたの溝を合わせて閉める
- ２本の箸の向きをそろえる
- 箸箱に納める
- 箸箱の溝を合わせてスライドさせて閉める
- ２つのお弁当箱をかさねて溝にはめる
- 重ねたお弁当箱がずれないように押さえながらゴムをかける
- 箸箱が滑って開かないように気をつけながらゴムに通して納める
- お弁当箱の上下を確認する。
- 袋を開けて、お弁当箱の底が下になるように袋に納める

上記の要素から、まずは「はめる」を抽出して、もっとシンプルな作業を行うことにしました。また、短時間の作業を積み重ねて一つの大きな作業目標を達成できるように、いくつかの段階に分けました。途中に「チェックポイント」をもうけ、段階ごとに「できたね」と一緒に確認して次に進むように工夫しました。

個別活動② 「スプーンケースに納める」

パチン、と音がするように、あるいは一体化してずれたり浮いたりしなくなる、という「はめる」「納める」仕組みを実感することで「きちんと」という抽象的な事象を具体的にイメージできるようになりました。

　次に、「凸と凹を合わせてはめる」「納めるべきところに納める」ことで、モノが「きちんと」固定される、だけではなく、固定されることで複数のモノが一体化して、あらたな働きをする、というモノの「仕組み」に自分で気づいてほしいと思い、次の活動を行いました。

個別活動③「電池を入れて灯りをつけよう」

⬛ ケースから出して部品を並べよう	⬛ ふたを開けよう 印がそろうとふたが開く

⬛ チェックポイント ▼ 「ふたをひねって印を合わせる」ことで開く、と確認する	⬛ 単4電池を 2本入れよう	⬛ チェックポイント ▼ 電池の「おへそ＝＋」と「へそ無し＝－」を確認する

⬛ ふたを閉めよう	⬛ 電気をつけよう …ちゃんと光った！	⬛ 報告しよう 「おわりました」と言う

　電池の仕組みの「発見」と、きちんと「はめる」、「納める」ことで、自分で照明器具を「組み立てる」ことができた、という自信がつきました。

　さらに、ものを納める、はめるときには、モノの「向き」に気をつける、という気づきをさらに広げられたので、就労に向けて次のような作業にも挑戦してみました。

個別活動④「おはしをはし袋にきれいに入れよう」

⬛ はしとはし袋をそれぞれ袋から出して、自分が作業しやすいように置く	⬛ はし袋1枚に、はし1膳	⬛ チェックポイント ▼ はし袋と箸、それぞに「おもて」と「裏」がある

⬛ 完成品を並べる はし袋が折れたりしわになったりしないように並べる	⬛ 報告しよう ▼ 数を数えて、「おわりました。全部で○本です」と言う

ただのあそびであれば、作業の成果がきれいでなくてもやり遂げたことだけでもほめてもらえます。でも、就労を見据えると、作業の効率や成果物が「お客様」に使ってもらえるものかどうか、商品としての見栄えも考えなければなりません。

支援者は当初、見栄えのよしあしを指摘することで、こども達の意欲をそいでしまうのではないか、と心配しました。しかし、それは杞憂だったようです。実際に地域の行事で販売を経験したことで、「商品価値」のあるものがお客様に喜ばれることを体験して、こども達は積極的に「きれいに」「かわいく」仕上げることを目指すようになりました。

⑥ 支援者の「あそび心」
―ユーモア・コミュニケーションのすすめ

1. あそび心がもたらす関係性について

あそびについて考察する際、けっして省略することができない概念が、ヨハン・ホイジンガが述べた「ホモ・ルーデンス＝遊ぶ人」であるという考えです。また、ホイジンガの概念を発展させたのが、フランスの哲学者・批評家であったロジェ・カイヨワであり、彼は人類の文化的な発展には「遊び」の存在が不可欠であるとしました（1970）。

また、カイヨワは「遊び」を4つに区分することを提案しました。それが、アゴーン（競技）・アレア（サイコロやルーレットなど）・ミミクリー（物真似）・イリンクス（めまい）です。さらに、遊びの要素には、パイディア（即興性と陽気という原初的能力＝遊戯）とルドゥス（無償の困難の愛好＝競争）があり、遊びとは一見すると自由奔放に映るが、ある意味では強力な規則に束縛されている矛盾した活動であるとしました。つまり遊びは恒常的に矛盾に満ちた営みであり、元々、多様性に富んでいるものなのです。

あそびと聞くと多くの人は、こどものごっこあそびやゲームあそびなどを連想しがちですが、それはあくまであそびの限られた一形態に過ぎず、私たちが日々行う意思疎通そのものもあそびの延長線上にあると推測できます。

「人間＝遊ぶ人」であるのであれば、その源流に存在する「あそび心」を抜きにして良好な人間関係を構築していくことは困難だと言っても過言ではありません。

2. 笑顔で築く信頼関係

笑いは人間特有の感情表現と言われています。また、近年は健康面においてもその有用性が注目され、笑うことで免疫力が向上することや交感神経や副交感神経のバランスが整うなどの効果が認められています。しかし、私が最も笑いの有用性を感じるのは、笑いや笑顔がある環

境や空間には、生きた心地が存在するということだと思っています。どうでしょうか？　皆さんも笑顔がある場所には、長く留まりたいと感じるのではないでしょうか。関係性を維持したい、その場から離れがたいという素朴な感情こそ、人間関係を良好にする原動力ではないでしょうか。

　話は飛躍しますが、アフリカのサバンナ地帯に生息しているような動物はとてもじゃありませんが、ヘラヘラ笑って過ごすことなどできません。常に何者かに襲われるような緊張感の中では笑うことなんてできないのです。つまり生き物は安心が担保された環境でなければ穏やかに生息・生活することはできないのです。

　また、支援者であれば誰もが被支援者から信頼感を得たいと感じているのではないでしょうか。しかし、信頼感は容易に可視化できるものではありません。それでも支援が実践されるなかで笑顔の交流が発生すれば、その場の緊張感は緩和され、さらにお互いの信頼関係が醸成されるのです。つまり、笑顔は信頼関係を可視化するバロメーターなのです。

3. ユーモア・コミュニケーションを楽しもう

　通常、ユーモアは人の気持ちを和ませ楽しませる可笑しみと認識されています。しかし、不思議なことにユーモアということばに対して苦手意識をもっている人が意外にも多いというのも事実です。私は、ユーモアは緊張の高まりを解消し、恐怖・敵意・怒り・苛立ちといった感情を緩和させる、つまり人間関係を円滑にするサプリメントのような存在だと認識しています。

　『笑いの治癒力』の著者、アレン・クライン（1997）は、「ユーモアは私たちに力を与え、新しい世界を開いてくれる。逆境に立ち向かい、乗り越える手助けをしてくれる。また現状を別の見方で見せてくれて、世界が崩れ去ってしまいそうなときも、自分の足場を保つよすがとなってくれる。」と述べました。つまり、既成概念にとらわれない自由な発想こそがユーモアなのです。

　さて、もう一度、ユーモアについて考えてみます。ユーモアを手に入れたいと思ってもユーモアは近くのお店に陳列されている商品ではありません。また、インターネットを活用してワンクリックで購入できるものでもありません。さらに、「あなたはユーモアがありますね」と言われて、喜ぶ人もいれば、いやな気持ちになる人もいることでしょう。ユーモアが苦手という人の多くは、人を笑わせるのが苦手と思っている場合が多いものです。しかし、ユーモアは人を笑わせるという意味ではなく、人や出来事を許容できる（許せる）力のことだと私は考えています。

　例えば、車を運転している時、前の車が黄色信号で停車したとします。その時、あなたは「よし停車だね」と思いますか？　それとも、思わず「行けよー」などと大声をあげますか。前の車がブレーキをかけて停車すること自体はユーモアではありません。しかし、車を停車させなくてはならない事象が発生した場面で物事をどのように解釈するのかがユーモア精神の本質だ

と私は考えています。もしかすると、自分の意思とは別に停車したからこそ、出会える風景があるかもしれません。また、新規にオープンしたお店を見つけることもあるでしょう。そんな想定外の出会いや発見を楽しむ気持ちこそがユーモアなのです。さらに、許せる力が高まれば、自ずと許してはいけない事（真の問題点）が鮮明となり、日常生活にメリハリがつくようになります。そうなることで、漠然とした妙な不安感から解放され、のびのびと毎日を過ごせるようになるかもしれません。

現代社会は混沌として理不尽なことにあふれています。何に心を砕く必要があるのか、その何かさえわからなくなるような忙しさに満ちています。ユーモアは、人と人との関係性を円滑にする潤滑油です。ユーモアによって人生が劇的に変化するものではありません。しかし、ユーモアが身近に存在することで、乗り越えられる困難もあるのではないでしょうか。

混沌とした支援の現場だからこそ、ユーモアセンスを活かしたコミュニケーション、ユーモア・コミュニケーションを大いに活用してほしいと思います。

4. 支援者こそ、あそび心を

今、多くの人々が予測不可能な災害や感染症の流行などにより過度なストレスに晒され、心と体が疲弊しています。それは様々な形の対人援助職従事者にも当てはまります。日々の生活においても疲労が蓄積するなか、どのようにして好調を維持すればよいのでしょうか？ それにはやはり、支援者も心のゆとり＝あそび心をもって「のびのびとしなやかに生きる」ことが大切だと思います。さらに、生きにくい現状を打破するためには、物事に対する物の見方、考え方の枠組みを自由に変化させるリフレーミング的な発想が問われると思います。身近に発生することすべてに対してポジティブシンキングだけで物事が好転するわけではありませんが、時と場合によっては自分の枠組に固執せず、相手の立ち位置から物事を判断することが重要なのではないでしょうか。

そういった意味において、支援者こそ、固定観念にとらわれない「あそび心」が必要なのだと思います。「あそび心」は単にお気軽に楽しむことではありません。「あそび心」とは、常に新鮮な視点をもって時間・空間・仲間のいわゆる三間を創造的に発展させていくことなのです。

●ユーモア・コミュニケーションの目標

> 1. 笑いやユーモアを身近なものにし、イキイキと対人援助やボランティア活動を行えるようにする。
> 2. 「よく楽しむことができる人が、よく楽しませることができる」を実感し、様々な支援や活動に向けた活力をチャージする。

大人である私たちが「あそび心」を維持し続けることは相当な難題です。しかし、こどもはいつも共に過ごす時間・空間・仲間を求めています。そうです。支援者こそ全身に「あそび心」を蓄えて、こどもの成長・発達を支えている自負心をもってもらいたいと思います。

- ●ユーモア・コミュニケーションとは？

  十人十色、一人ひとりに内在するユーモアセンス（道化性）を引き出しながら人との関わり合いや意思の伝達を円滑にしていこうとする愉快な「コミュニケーション」のスタイルです。笑いを強引に取ろうとするのではなく、笑顔で過ごせる心と体の発見を目的とします。

- ●ユーモア・コミュニケーションのねらい

  自分自身のキャラクター（性格、性質）やオリジナリティー（創造性、独創性）の発見と活用を通じて、豊かな人間関係を築いていきます。

- ●ユーモア・コミュニケーションを通して学べることは？

  プレゼンテーション力（提示、提案）＋ネゴシエーション力（交渉、折衝）＋コミュニケーション力（意思伝達）

ユーモア・コミュニケーションを紹介する動画　Column

　支援者がバーンアウトすることなく創造的な支援を続けていくためには、物事に対する「前向きな姿勢」が重要です。そこで、ここまで述べてきた、ユーモア・コミュニケーションの可能性を実感するための動画を紹介します。

　この動画では、日々の支援に笑いやユーモアを活かす方法や人間関係を円滑にするためのエクササイズが紹介されています。ぜひ、楽な気持ちで「できることからチャレンジ」してみてください。

笑顔からはじめよう
ユーモア・コミュニケーション▶

https://www.youtube.com/watch?v=J5VH5Rmku0M

【監修・指導】
清泉女学院短期大学幼児教育科准教授　**塚原成幸**（道化師）

＊この動画は、平成 31 年度厚生労働省科学研究費補助金（障害者政策総合研究事業）「障害児支援事業所における医療的ケア児等支援人材育成プログラムの開発」により制作されました。

【引用文献】
- ●アレン・クライン、片山陽子訳（1997）『笑いの治癒力』p.12、創元社

【参考文献】
- ●なかがわちひろ（2016）『おえかきウォッチング―こどもの絵を 10 倍たのしむ方法』、理論社
- ●大田堯（2011）『かすかな光へと歩む　生きることと学ぶこと』一ツ橋書房
- ●ロジェ・カイヨワ、清水幾太郎・霧生和夫訳（1970）『遊びと人間』岩波書店

第 **5** 章

本の力と発達支援
～世界と出会う機会を作る～

① 「読み聞かせ」のもつ意義

　多くの放課後等デイサービスには本棚があり、集団や個別指導のプログラムの中で「絵本の時間」を設けている事業所もあると思います。保護者のお迎えを待つ時間には「本でも読んでてね」、という事業所もあるでしょう。こども達の身近にある本、特に絵本は発達支援の場面でどのようにとらえられているでしょうか。

　事業所の本棚には、季節や個々のこどもの特性、発達段階や特性に応じて、最適な本が用意されているでしょうか。また、こども達は、そこにある本の中から、今の自分に適した本を自分で選び、楽しめているでしょうか。何となく本を選んで眺めている時間は、「暇つぶし」にすぎません。

　字が読めるようになっても、文を読む力が十分育つには支援が必要です。文を連ねて考えや情景、思いが述べられる文章を読みこなす読解力を育てるには、さらに時間と支援が必要です。小学生、中学生の発達支援にも、絵本や本の「読み聞かせ」は有効な手法です。

　よい本には、絵を描いた人、文章を書いた人、編集者、印刷、製本、たくさんの人の思いや知恵が込められており、こども達の成長、発達を助けてくれる力をもっています。この本の力をこども達の内面にまで確かに届けるために、こどもの特性と発達段階に適した本を選び、一緒に本を開いて、本の力を届けましょう。

1. 絵本を世界の窓に

　経験を通して、こども達は世界に出会います。その出会ったものに対して、好き、嫌い、うれしい、楽しい、怖い、難しい…と感じ、その感覚や感情の積み重ねがそのこどもの個性を作ります。音楽が好きな子、体を動かすのが好きな子。工作が得意で一日中ハサミとのりで「何ものか」を作っている子、説明書の通りにプラモデルを作り上げる集中力に長けた子。この個性は経験の中でつかみ取り、磨きをかけられていくものです。だから保護者は、その子の年齢に応じた経験を様々にさせてあげたくて、海や山、動物園に連れて行ってみたり、習い事をさせてみたりします。

　こどもの周りにいる大人が、最も心を砕くのは、まさにこの個性、その子らしさをどう伸ばすか、です。そして発達支援とは、保護者と共に、その子の可能性——できそうなこと、好きそうなこと、喜びそうなこと——を見つけ出して、その可能性を伸ばす経験を主体的に楽しく、つまり「あそび」として味わえるようにすることです。

　体が不自由であったり、感覚や動作の機能が不十分であったりすると、思うように年齢相応の経験を積むことができません。障がいのある子の「遅れ」はこの経験不足からくるものであ

ることも多いのですが、こども自身の特性や、感染症の拡大というリスクによって自由な外出や多様な体験が難しくても、本はこども達に疑似体験を与えてくれます。多くのことを体験しづらいこども達にも、本を通して広い世界を見せてあげることができます。

事例 ▶ 5-1 月が空にある 〜自閉スペクトラム症の中学生と『ネコヅメのよる』

『ネコヅメのよる』
作：町田尚子（岩崎書店）

　中学2年生の自閉スペクトラム症のカナタ君。ことばはたくさん知っていますが、聞き覚えたことばの模倣が多く、前後の脈絡なくことばが口からこぼれ出ます。行動にも一定のこだわりがあり、ご家族が迎えに来てから帰るまでの手順も定型化されています。

　月のきれいな季節なので、その日の読み聞かせの時間に『ネコヅメのよる』を読みました。主人公の猫が仲間と眺める月は、猫のツメのような金色の三日月。絵本の中で猫たちはいっせいに猫背を伸ばして立ち上がり、「いいツメですねえ」と言い交わします。

　猫たちと一緒に夜空を眺める気分を味わえる絵本です。

　読み聞かせの後も、カナタ君はこの本を手に取って、表紙を眺め、見返しに月が満ちてやがてかけていき、最後にネコヅメになる様子が描かれているのを食い入るように見て、しばらくこのお話を楽しんでいました。

　その日の帰り。いつもより遅くお迎えに来た保護者の車に乗るときに、カナタ君はふと足を止めました。そして、「ああ…月」と、支援者に空を指さして見せたのです。

　「えっ？」

　「月がきれいだなあ」

　「ああ、本当だ、もうこんなに高いところにあるんだね」

　そう答えながら、支援者はとても驚きました。いつもなら、靴を履いてカバンを持ち、迎えに来たおうちの人の車にスタスタと行ってしまうカナタ君。これまで、遠足で遠出をして、支援者が「山がきれいだね」と遠くを指さしても、見えていないかのように足元ばかりを見ていたし、近所の公園に行った帰り道に夕焼け空を指さしても、目の前にいる仲間のリュックサックばかり気にしていて、「風景」に心を留めることはなかったのです。

　でも、今日は月の光に気づいて、足を止めて空を見上げ、そして「ああ、月がきれいだなあ。」と心から出たことばを支援者に投げかけてくれました。

　空を見上げて月を見る、そして月を愛でることばをそばにいる人に語りかける。これまで、彼にとって月はただそこにあるだけのものだったかもしれません。でも、『ネコヅメのよる』

の中で、猫達とともに見上げたネコヅメのような月…さっき本の中で出会った月と、今また出会えた。そのなつかしさ、月を親しく感じる思いが、月を見上げ、愛でる、という新しい行動につながったのかもしれません。

---

2. お話の読み聞かせ

　発達支援に絵本の読み聞かせ…というと、絵本を読んであげると何かができるようになると期待したり、「ためになる本」を選ぼうと考えたりする方もあるかもしれません。文字を覚えるのに役に立つ、ルールを守ることを学ぶ、など。

　しかし、本を読んでもらっているとき、こどもは知識を増やし、学びを得て「お勉強」しているわけではありません。こども達は、本の世界を「体験」しているのです。知識を蓄えるための本との触れ合いは、頭が働くだけでしょう。しかし、お話を読み聞かせしてもらうことは、お話の世界に読み手に手を引かれて味わう疑似体験です。擬似体験でも、心は実際に動きます。頭の中にはお話の場面が描かれ、ハラハラ、ドキドキして、悦び、悲しみ、不思議、恐怖を味わいます。体は熱くなったり手のひらにジワッと汗をかいたり。物語の最後の満足感と幸福感にたどり着くまで、こどもは心と体で本の世界を体験します。

　ハラハラ、ドキドキ、ワクワク。面白さだけではなく時には不思議や恐怖を体験するお話だからこそ、いつもそばにいてくれる、信頼できる大人の声で読んでもらうことが重要なのです。信頼している人が読んでくれるお話には、途中で恐怖や悲しみ、怒り、不安などの大変な内的体験（感情の波）を味わっても、この人と一緒だから大丈夫、という安心感、希望があります。だから、「もう一回読んで！」と何度もせがんでくれます。

　大人は「また～？」と思いますし、別のお話を紹介したくもなりますが、どうぞその求めに応じてそのお話を何度も読んであげてください。そのお話の世界を何度も味わい、恐怖や怒りなどの感情の波を何度も乗り越えて、こどもの魂は力をつけ、成長します。そうして、その世界を味わいつくすと、こども達はそのお話の中でつちかった生きる力を携えて、まるで次の扉を開けるようにあらたな冒険を求めてほかのお話や日常生活へと入っていきます。

　発達にでこぼこのあるこども達には、現実のものや出来事は、身の回りにありながら認識されず、通り過ぎてしまうことも多いようです。自然の光の季節ごとの濃淡や気温や湿度の変化、目に見える風景の奥行や広がりなど、誰かがことばで取り出して名付けてみせて、認識を促し、こども自身の内に落とし込む手助けをしてあげることが必要です。

　年齢相応に発達している（「定型発達」と呼ばれる）こども達は、現実の生活で見知っているものを本の中で見つけると、「あ、これ知ってる」と喜ぶことができます。しかし、発達にでこぼこがあり、それが難しいこども達は、本の中で出会い、本の中のことばの力を借りて認識したものに現実の世界で「再会」して、「あ、これ知ってる。本で見た！」と喜ぶことがで

きます。本の中で、ものやこと、感情と出会い、認識して、現実の世界を拡げていくこともあるのです。

3.「共感」する力が未熟なこどもにも

　自閉スペクトラム症のこども達は、対人的・情緒的関係における困難と、興味・情動・感情の共有の少なさという特徴があるとされています（浅田・熊谷,2015）。自閉症の傾向があるこども達は、「共感すること」が苦手と言われ、支援者もこの子達の共感する力をどう育むかに心を砕いていますが、読み聞かせを通して、「共感」を体験することもできます。本を通して味わった共感が、こども達の共感する力を育ててくれる一助になるのではないかと思われます。

　「共感」や他者の感情をくみ取ることが苦手なこども達にどんな本を読み聞かせればよいのでしょうか。

　人生経験の浅いこども達は、ことばだけではお話をよく理解することが困難です。したがって、読み聞かせには絵本が適しています。絵本とはいっても、お話がおもしろいものでなければなりません。絵本は、こども達が人生で初めて出会う「文学」だからです。ことばによって人間の内面や外の世界を表現する芸術である以上、お話がおもしろい絵本でなければならないと、翻訳家の小宮さんは言われます（小宮由講演『子どもたちを物語の世界へ～絵本から読みものへ～』主催：〔一財〕出版文化産業振興財団より）。

　よい絵本は、声に出して読んでみるとわかります。よい絵本は文が簡潔です。絵がその文の世界をわかりやすく語ってくれているので、詳細に語らなくてもよいのです。文が描こうとしているお話の世界を「語る」ために描かれている絵があれば、耳から聞いたことばを、目で見ることで、こども達はお話の中に入りこみ、現実の世界ではできない様々な体験をし、心を動かすことができます。「共感」することの楽しさに気づいてもらえるのではないでしょうか。

② 本をどう選ぶか

1. 読書興味の発達

　児童文学者で初代東京子ども図書館理事長だった松岡享子さんによると、こどもの読書興味は４つの段階を経て育つのだそうです（松岡,2015）。

①韻律のある物語や詩を喜ぶ時期

　リズミカルなことばの響きを喜ぶ時期です。『ぐりとぐら』（なかがわりえこ作、福音館書店）の「ぼくらのなまえはぐりとぐら　このよでいちばんすきなのは　おりょうりすること　たべ

ること　ぐりぐら　ぐりぐら」というフレーズを覚えている方も多いのではないでしょうか。手あそび歌や「はないちもんめ」のようなわらべ歌のように、体でリズムをとりながら唱えることばを楽しむ時期です。

　通常は幼児期にこの段階を楽しむとされていますが、発達にでこぼこがあるこどもは、長くこの時期を楽しむこともあります。幼いこども達向けの絵本ばかりでは、幼児よりもずっと経験豊富な小学生は満足できないでしょう。リズムのある文章、繰り返しの多いお話、歌＝韻律のあるお話を通して、耳から入ることばのリズムを体に取り込ませてあげるとよいでしょう。

　同じリズムやフレーズを繰り返しながらお話が進んでいくわらべうたのような韻律を楽しむことで、次の「物語」に入っていく準備ができると言われます。

②主人公と自分の一体化を楽しむ時期

　自分、という意識、つまり自我が育ってくると自分ではないもの、他者を認識できるようになります。ことばだけでなく、表情や体の動きで表される「いや」は、その子の中で自我の確立を意味します。自我を確立したこどもは、物語の主人公と自分を一体化して、冒険したり、怒ったり泣いたり、笑ったりできるようになります。現実ではない物語の世界での体験は、体は動かなくても心が動くのです。

　もちろん、想像力が未熟なこども達は、いきなりファンタジーの世界の大冒険を楽しむことはできません。まずは日常の「お話」から。こどもの日常の延長線上にある出来事…「散歩」や「おつかい」「るすばん」…といった出来事のお話ならば、こども達は主人公と自分を一体化することができます。

　その延長線上に思いがけない出来事があってドキドキするけれど、最後はめでたしめでたし、で終わるお話。昔ばなしなら「赤ずきんちゃん」や「おおかみと七ひきのこやぎ」。現代のものなら『あさえとちいさいいもうと』（筒井頼子さく、林明子え、福音館書店）、『バムとケロのにちようび』（島田ゆか、文溪堂）のように、登場人物が少ない、シンプルなお話がいいでしょう。

　自分の生活の延長線上にあり、実感をもって主人公と一体化できるお話を繰り返し聞くことは、こども達が自分自身の生活体験を語る力も育みます。生活に根差した出来事が簡潔な文章で語られるのを耳から聞くことで、体験を言語化する手法を身につけていくのです。

　「転んだ時に、ルナちゃん、えーんって泣いたの」と、保育園・幼稚園や学校での出来事、体験を「自分の物語」として語る力の基になるものです。生活に根差した物語は、こども達が物語を楽しむ入り口になります。こどもの生活体験の範囲だけでは紡がれるお話の世界には限界があります。主人公と一体になれる力が育ったら、主人公が空想の世界に旅していても、それにしっかりついていけるようになります。

　空想の世界を楽しむ、次のステップに入っていけるようになるのです。

③絵本から物語へ進む時期

　こどもが現実ではない世界の物語を楽しめるようになったら、幼年童話と呼ばれる本に進み

ます。絵本から次のステップに入り、より長い文章で少し複雑な物語世界が描かれた「読み物」の本も楽しめるでしょう。この時期に空想の世界に遊ぶ楽しさを体験することで、豊な感情や考える力が育まれます。

絵本から読み物に移行していくこの時期に読む本は、単に文章の量が多いというだけではなく、次のような要素がある本がよいと言われます（小宮由、前述講演会より）。

ⅰ 「感情表現」や「自然描写」が多くない本

「うれしくて泣き出しました」とか「萌え立つような緑のなか」というような、それを理解するのに、ある程度の人生経験を要する表現が多い本は、まだ実体験が少ないこどもにとっては理解ができず、不向きです。

ⅱ 物語の展開が直線的で段階的である本

お話の場面が急に変わったり、時間が遡ったりするようなお話は、まだ文学に慣れていないこどもには、理解が難しく、集中力を欠いてしまいます。結末まで一直線で、かつ、階段を一段一段のぼるのような展開の本を選びましょう。

ⅲ 先取りできる・予測できる本

お話の内容から次に起こることが予測できます。繰り返しや「○○してはいけないよ、さもないと…」という警告から、お話の聞き手であるこども達は主人公が警告を破ればどんなことが起こるか、予測できるのです。先取りできることで、こども達は物語の中にさらに深く入り込み、主人公と一体化した自分がどんな体験をするかを想像して楽しめるようになります。

④深く考えるための読書を始める時期

空想の世界で豊かな内面をつちかったこども達は、思春期になると現実世界に目を向けます。大人たちの様々な姿に善と悪を見出し、自分の生き方を模索し始めます。この時期にこどもが求めるのは、自分の生き方のお手本になるロールモデルであり、この世界がなぜこうなのかを理解する助けとなる本です。空想的な物語よりも英雄物語や伝記、神話や歴史の物語を通して、自分の生き方の方向性をさぐり、世界を理解したうえで理想も抱くようになります。世界を変えていくひとりとしての意志と、自立した精神をもつ大人になるための基盤をつくるのが思春期の読書です。

事例 ▶ 5-2 こどもの力に気づく ～予測を楽しむ力

ジュン君は、髄膜瘤が脊髄の上の方にあったために、下肢に麻痺があります。水頭症も重く、ことばによるコミュニケーションが難しい小学5年生です。一人で座ることが難しいのですが、座位保持装置に上体を固定して、機嫌のいい時は頭を持ち上げて明るい声を出したり、にこにこ笑ったりして、明確な喜怒哀楽を見せてくれます。絵本の読み聞かせが大好きで、図鑑や写真集を見たり、ことばのリズムが楽しい本を味わったりしています。

集団プログラムで、『おおかみと七ひきのこやぎ』（グリム童話、ホフマン画、福音館書店）を読んだ時のことです。低学年の子を中心にした読み聞かせなので、読み手の支援員は少しゆっくり、こども達の反応を見ながら読み進めました。ジュン君はこども達のいちばん後ろで機嫌よさそうに聞いていました。

オオカミが、「お母さんだよ、ほうら、手足も白いだろう」手足に白い粉を振って扉の隙間からのぞかせた時、ジュン君は急に「ウゴーッ」と大きな声を出したのです。そして子やぎたちがオオカミに食べられてしまう様子を不機嫌な顔で見ていました。

「それはオオカミだ！ 開けちゃいけないよ」と言いたくて怖い声を出したのかな？ と、支援員は思いました。

別の日に、今度は個別プログラムで、『11ぴきのねこ』（馬場のぼる作、こぐま社）を読んだときのことです。いつもはらぺこの11匹のねこたちが、戦いの末に大きな魚を捕まえ、「みんなに見せてやろう！」といかだの後ろに大きな魚を曳航して帰ります。ところが、最後は満腹そうな11匹がいかだの上でねそべっており、「ああ、のらねこたち、たべちゃった。」とあります。ジュン君は、お話の「オチ」が見える前、夜になって真っ暗闇に星が光るページのところですでにニヤリ、と笑いました。読み手がそこで少しタメて、次のページをめくると声をあげて笑ったのです。

ジュン君は予測ができるのではないか？ そう思った支援員は特別支援学校の担任の先生にその話をしました。学校でもやはり、「次のページで起こること」「お話のその先」を予測してニヤリ、と笑ったり、顔をしかめたりすることが多い、と先生も気づいていました。ことばを発することがなくても、知的活動は豊かなジュン君に、これからどんな教育支援、発達支援をしていけばいいのか、新たなテーマを得ることができました。

2. 本選びに困ったら "昔ばなし"

絵本を卒業しつつあるこども達が読み物を楽しめるようになるための「よいお話」の要素を考えると、昔ばなしがこの要素をぴったり満たしていることに気づく方も多いでしょう。昔ばなしが絵本から物語へと読書世界を拡げつつあるこども達に最適である、ということは、本の読み手としての実践を積んでいる人なら共感していただけるでしょう。

昔ばなしは、こどもの「動きたがる心」を満たし、こども時代に必要なワクワク・ドキドキ、ハラハラ、といった「不思議」と「冒険」「難題への挑戦」「知恵」「規範と違反、諫め」「運命」などを体感させてくれます。

昔ばなしは、本来、こどもだけのものではなく、民衆が何世代にもわたって語り継いできたものです。昔は囲炉裏端でおじいちゃんおばあちゃんがこども達に語ったもので、今でも「お父さんがこどものころにね…」とエピソードを語るのも大きな意味では昔ばなしです。シャル

ロッテ・ビューラーは「昔話と子どもの空想」（2021）という文章のなかで、「昔話の関心の中心は、一連の不思議で、ハラハラさせられる出来事や行為、冒険にある」と語っています。毎日、新しい快刺激を求め、新しいことを知りたい、体験したい、という欲求に満ちているこども達にとって、ハラハラ・ドキドキを体験でき、最後には思いがけない幸せや宝物を手に入れてハッピーエンド、という昔ばなしは、まさに毎日でも味わいたい精神の糧です。

こども達の想像力や社会体験は未熟で、だからこそ非日常の特別な世界の中で冒険や幸運な偶然、預言、力だめし、知恵比べを味わい、その中で勇気や誠実を学び取り、活発な精神を育むのです。時に残酷で、現実にはありえない昔ばなしを通して育った思考能力や想像力、集中力は、日常の現実を考えて受けとめ、先の展開を予想し、勇気をもって行動する力につながります。

3. 昔ばなしの力

こども達が想像力…イメージする力、イメージを言語化し、操作し、考察する、内面の力を育てるにあたり、昔ばなしがもつ表現上の特徴が大きな力をもつ、と言われています。

昔ばなしの特徴の一つに「先取りの様式」があります。

「先取り」とは、物語の進んでいく方向を示し、聞き手がこの先何が起きるかを察知できるように、物語の中に織り込まれた仕組みのことです。松岡享子さんによると、ビューラーは先取りが効果的に用いられる様式として、次の4つをあげています（松岡,2021）。

①予言

例：『いばらひめ』（グリム童話、エロール・ル・カインえ、やがわすみこやく、「ねむれる森の美女」のお話）で「姫が16歳になったら糸巻きの針に指をさして死ぬ」と妖精が語った予言

②約束と誓い

例：『だいくとおにろく』（松井直再話、赤羽末吉画、福音館書店）で、おにろくが「おれの名前を当てたらいのちは奪わない」とした約束

③警告と禁止

例：『みるなのくら』（おざわとしお再話、赤羽末吉画）で、「12の蔵のうち、最後の蔵だけは開けてはいけません」と姫が出した禁止

④課題と命令

例：『灰かぶり』（グリム童話、スヴェン・オットーえ、矢川澄子訳、「シンデレラ」のお話）で、「12時の鐘が鳴り終わるまでに必ず帰ってくるように」という妖精の命令

ほかにも、昔ばなしによく用いられる「繰り返し」の物語構造も、聞き手に先のことを予測させる効果があります（例：『やまなしもぎ』（平野直再話、太田大八画、福音館書店）で3人兄弟が順番に奥山にやまなしを採りに行き、不思議なばあさまの教えを授かる）。聞き手にとって、「先取り」できることで、物語を受け止めるだけでなく、中に入り込むことが可能に

なります。不思議なばあさまが教えてくれたのとは違う路を選んでしまった太郎や次郎は、た
どり着いた奥山で池の主に飲み込まれてしまう、ことを予測でき、聞き手は「ほら、やっぱり」
とうなずいて物語の先に進んでいきます。

　「オオカミが来るよ」「オオカミはしわがれ声だよ」と言われれば、戸を叩く音が聞こえたら「オ
オカミかな？」と、聞き手はその声に集中して（もちろん、読み手はしわがれ声を出さねばな
りません）、声を聴き分けて推理したり、対策を考えたりできます。

　発達に特性のあるこども達の中には、この「予測」「先取り」が苦手なこどもがたくさんいます。
先が読めないために不安になり、思いがけないことが起きると対応できなくて不穏な行動をし
てしまうこともあります。昔ばなしの読み聞かせを通して、予測、先取りの内的体験を積み重
ねることで、集中力や推理力、想像力をつちかっていくことができます。

事 例 ▶ 5-3　話の先をばらしてしまうヨウ君

　中学校 1 年生　ヨウ君。多動性、衝動性が強く、「待つ」
ことが苦手です。頭の回転は早く、思いついたことはす
ぐ口に出し、行動もします。粗暴ではないのですが、行
動は大雑把で、振り返りや片付けが苦手です。

　集団プログラムで年齢が小さい人と一緒に集団で読み
聞かせをすると、「袋の中に入るとねこたちはつかまっ
ちゃうよ」「3 匹目のがらがらどんは強いから、トロル
なんかやっつけちゃう！」と、話の先まわりをしてばか
りいます。そこで、個別プログラムで、先が読めるけれ
ども結末までちょっと時間がかかる…「待つ」必要があ
る物語を選んでみました。

『みるなのくら』
おざわとしお再話、赤羽末吉画（福音館書店）

　その物語は『みるなのくら』です。貧しい若者が迷い込んだ山奥の大きなお屋敷でもてなし
を受けます。その屋敷には 12 の蔵があり、最後の蔵だけは「決してみないでください」と固
く言われていたのに、我慢できずにその蔵を開けてしまった若者は…。

　とくに先まわりも「つっこみ」も入れずに、支援者の読むお話の中に入り込んでいたヨウ君。
お話の最後のページで、元の山奥の茂みに、ポツン、と立つ若者の姿を見て、ようやく緊張が
解けたような顔をして息を吐きました。表紙を眺め、もう一度ページをめくりながらお話を「反
芻」し、何やらじっ、と考えています。ここは一人で考えさせてあげた方がいいのかな、と支
援者がそばを離れようとしたとき。パッと顔をあげてヨウ君は言いました。

　「最後の蔵は、開けなきゃいけない蔵だったんだよ」

　「へ？」

支援者はきょとん、としてしまいました。

「見るな、と言われたけど、見たでしょう？　開けてはいけません、って言われたけど、開けなきゃ帰ってこれなかったんだよ。帰ってくるためには、あの蔵は開けなきゃいけなかったんだ」

訴えるかのように、自分で見つけた答えを語るヨウ君。

禁を破ってはいけない。でも、それで自分はこの世界に帰ってくることができた。うぐいすの宿に迷い込んだ若者は、ヨウ君がはじめて自分を投影させた主人公でした。不安、不思議、好奇心の高まりの後に味わった空虚と不思議な安心感が、彼に深く考えさせ、推理し、考察させたようです。

これを契機に支援者は、ヨウ君の支援計画からは低学年と共に参加する集団読み聞かせをやめ、より深い想像や、抽象的な事象を描いた「読み物」を個別に共に読む、という方向に彼の読書計画をシフトしていきました。ヨウ君は少しずつ、「じっと考える」ことができるようになるのではないか、と思います。

③　本がこどもに及ぼす力

1. 個別プログラムとしての読み聞かせ

「読み聞かせ」は、発達に特別な支援を要するこども達にとって欠かせない支援である、と思います。

なぜなら、彼らの多くは「文字を読むこと」や、「文章の意味を理解する」ことが苦手だからです。発達の特性ゆえに文字が読めないこどもは、年齢相応に出会うべき本に出会えません。また、文字を一つひとつ追うことはできても、文字のまとまりを意味のある「単語」「ことば」としてとらえ、ことばの連なりを文として読むことが苦手です。さらに文が連なる文章を「読み解く」ことはもっと困難です。彼らは、文章の意味を把握して、理解する力が不十分なので、「本なんてつまんない」と思っています。

身体が不自由であったり、発達に特性があったりすることで、日常の体験が少なくなるだけでなく、言語体験までが少なくなれば、本来できるはずの知的、精神的な体験、つまり心の動きを体験する機会が極端に減ってしまいます。こどもの脳は新たな体験を通して多様な情報・刺激が入力され、そこから多くのことを学び取って成長していくものなのに、その機会が少ないということは、脳が育たない、育つチャンスを逃してしまう、ということです。

身体が不自由であろうと、発達に特性があろうと、すべてのこどもには年齢相応の体験が必要です。読み聞かせならば、単語や文章という文字の連なりに、読み手の声で文章の意味や、登場人物の感情やその場の状況を表現して伝えることができます。絵本であればなおさらに、絵がこどもを物語の中に誘ってくれます。

　読み聞かせは、個別支援のプログラムとして、その意味でも非常に有効です。

　人の声によってことばがこどもの内面に届き、ことばとともに見る絵に助けられて、お話の世界で味わう体験はこどもの内面を育てます。ことばから情景を描き、実際にそれを見ているかのように感じる力：想像力を育てることで、空想する力、つまり現実にはあり得ないことを思い描く力も育ちます。

　○○したらどうなるだろう…。もしもここに恐竜が来たらどうやって戦おうかな。大人が考えもつかないことをあれこれ考えて、体はここにあるのに心は遠い世界に遊んでいるとき、こどもの脳はフル回転で「考えて」います。周りに邪魔されずに空想する時間に、こどもの中で想像力が育ちます。想像力は考える力（思考力）と、生み出す力（創造力）の土台になる力です。

2. 本を閉じた後で考えるこども

　個別に読み聞かせをする際に、大切なのは、読み終えた後の時間です。「…はい、おしまい」と本を閉じ、裏表紙を見たら、もう一度表紙を見せて「○○…のお話でした。」とタイトルを読み、お話を閉じます。こうすることで、こどもの心が絵本の中から現実の『今』に戻ってくることを手助けするのです。

　「ああ、面白かった」、と次の本や次の活動に移ることもありますが、お話の中から生まれた疑問や考えが新たな体験につながることもよくあります。お話を読み聞かせてその世界を共に体験した指導員は、読み聞かせを終えたら、「一丁あがり！」と大股で次に進まないで、新たな体験に結び付けることができるように、こどもの問いかけや考えていることを大切に、スモールステップで進みましょう。

事 例 ▶ 5-4　他者の気持ちを想像できたツバサ君

　小学校6年生の男児、ツバサ君。自閉スペクトラム症と言われており、「もしもさあ、○○だったら…」というフレーズでの一方的な語りかけが多く、他者との付き合い、集団が苦手で、学校は休みがちです。中学校からは特別支援学校に通うことにしています。特性の一つとして他者の気持ちを想像することが苦手と言われますが、おやつの時には低学年の仲間をかばうような優しい一面もあります。

　生き物が好きなので、個別プログラムでは虫や動物、恐竜が主人公になっている物語を支援

者と一緒に読みます。どのような物語なら気に入ってくれるのか、手探りで何冊か読んできましたが、その日は恐竜が主人公になっているお話を読みました。読み終えた後、「もしもさあ、恐竜が今の世界にいたら、どのくらいの大きさかなあ？」と尋ねてきました。支援者は笑いながら言いました。

「人間なんて踏まれちゃうよ」

「もしもだよ、恐竜が、車の大きさだったら、人間はどのくらいかなあ？」と、また尋ねてきます。

人間との大きさの違いを「感じて」もらおう、と思った支援者は、図鑑を持ってきて恐竜の大きさを一緒に調べました。目についたブラキオサウルスは大きなもので全長30メートルほど、とあります。いつも学校から事業所に来るときに乗るのはホンダステップワゴン。車の全長は5メートルに少し届かないくらいです。

そこで、支援者はツバサ君と一緒に計算をしてみました。

車の大きさと人の身長は5メートルと1.5メートル。とすると、もしも恐竜がステップワゴンの大きさだったら…？

30メートルの恐竜が約6分の1の大きさになるとすると、人間は1.5メートルの6分の1…25センチメートル！

「牛乳パックくらいの大きさかねえ〜」と説明すると、ツバサ君もびっくり。比べてみよう、ということになり、空っぽの牛乳パックに人の顔を描いて、駐車場に行き車の前に置いてみました。ツバサ君は牛乳パックの高さにしゃがみ込み、車を見上げます。

「大きいよお。怖いよお。恐竜が目の前に来たらきっと怖いだろうねえ」と地面にひざまずいてビビっていましたが、立ち上がるとしみじみ述懐します。

「恐竜の時代はさ、ジュラ紀から白亜紀だからさ、人間はいなかったんだよ。いなくてよかったんだよ。いたらきっとさ、怖くて怖くて、生きていけなかったよね」

周りの人の気持ちを想像することが苦手なツバサ君ですが、絵本で出会った恐竜の大きさを実感して、もしその場に自分がいたら…という空想が広がり、人類がいたらきっと怖かっただろう、という「気持ち」を想像することができました。

自閉スペクトラム症のこどもは他者の気持ちを想像することができない、と思っていた指導員でしたが、「できない」のではなく「苦手」なだけで、想像するための材料があれば、想像力は広がるのではないか、と思いました。

想像力をあそびに生かすと「ごっこあそび」に広がります。ごっこあそびは幼児期の「ままごと」あそびから小学校低学年の「闘いごっこ」「お店屋さんごっこ」へと続き、やがてスポーツマンやアーティストにあこがれて服装やしぐさを真似て、近づこうとする…、そんな夢見る力を育みます。

3. 図鑑で世界と出会う─知識欲を満たす・育てる

①図鑑を通して世界を拡げる

　発達に特性のあるこども達の中には、図鑑が大好き、というこどもが多くいます。交通標識や国旗、動物など、いつも同じ図鑑を持ち歩き、それを眺めていると心穏やか、というこどももいます。こういったこども達は、図鑑を眺めている間は実に静かに長い時間、問題なく過ごせるということが多いようです。しかし、ただ「図鑑見といてね」と静かに眺めさせておくだけでよいのでしょうか。図鑑が好き、それはその子の可能性の種です。適切な働きかけで、図鑑から世界を知る体験をできるように、発達を支援していきましょう。

　図鑑や“ものづくし”の絵本は、こども達の「知りたい」欲求を満たしてくれます。世界にはこんなものがあるのだ、という存在の発見ができるのが図鑑です。存在を発見し、その名前を覚える、ということは、たくさんの知識を集積し、この世にはこんなに種々たくさんのものがある、という存在や違いを認識していく過程です。名前を覚えることで、それまでどれも同じに見えていたものの区別がつくようになり、それをほかのものとは切り離した一つの対象としてとらえるようになります。

　こども達の知的欲求、科学的行動のはじめの一歩は「これなあに？」という問いです。モノの名前を覚えて存在を認識するためには、多様なものが網羅された図鑑を一緒に読むのもよいでしょう。

　“ものづくし”の絵本では、例えば、かこさとしさんの『からすのパンやさん』、(偕成社)『だるまちゃん(の一連のシリーズ)』(福音館書店)も同様です。こどもが「知らない世界と出会う」感覚を味わえるように手助けしましょう。「パンはパンでも、いろんなパンがあるねえ」と、「発見」をことばにすることで、それを共感できます。「おどろき」「発見」という体験を共有することで支援者への信頼も生まれます。

　とくに電車や車、あるいは恐竜、といったものに強い興味やこだわりを示す特性のあるこどももいます。特定の図鑑が大好き、ということが多いのですが、おとなしくしていてくれるならいいや、とそれをただ「眺め」させておけばいい、というものではありません。一緒に図鑑を「読み」ましょう。説明文を読んで、わかりやすく解説したり、ページの中に並んでいるものを比較したり、特徴を探したりして一緒に楽しみます。こどもが見つけた好きなもの、興味があるものを手掛かりに世界を拡げていきましょう。

②カテゴライズ─分類すること

　質問です。次のことばは、いったい何の集まりでしょうか？

> つばめ　はやぶさ　とき　あさひ　ひかり　かがやき　やまびこ　こだま　はやて
> なすの　はくたか　さくら　あおば　みずほ　つるぎ　こまち　あさま　のぞみ

鉄道が好きな人ならすぐにわかるのではないでしょうか。新幹線の名前です。これをすべて覚えるにはどうしたらよいでしょうか。

路線ごとにまとめると覚えやすいですね。

> **東北新幹線**　はやぶさ　やまびこ　つばさ　こまち
> **上越新幹線**　とき　たにがわ　あさひ
> **北陸新幹線**　かがやき　はくたか　あさま　つるぎ

たくさんの情報がある中で、すべての情報を取り入れ、理解し、記憶するのは困難です。でも、情報をあるカテゴリーに入れることができれば、情報の整理ができます。ものを「なかま」でくくり、ファイルをまとめるように整理して頭の中に納めていく作業が必要です。これがカテゴライズです。

発達に特性をもつこども達の中には、この、カテゴライズが苦手なこどももいます。ミカン、リンゴ、ナシ、モモ、イチゴ…をまとめて、「くだもの」という「なかま」であることを理解することが難しいのです。

個々のモノのなまえと「なかま」をくくる"総称"の概念を理解できるようになると、情報を自分の中にまとめて、整理して、すじみちを立てて考えることができるようになります。ものづくし、の図鑑でたくさんのモノの名前を覚えたら、そのたくさんのものを分類していきましょう。動物図鑑、植物図鑑などを一緒に眺めると、カテゴリー化（分類）を体感できます。

「なかま」に分けるという知的作業である「分類」は、モノの特徴を捉え、比較して共通の特徴によりまとめることです。これができるようになると、いろいろな形や色、大きさがあってもフォークはフォークとしてとらえて、普段使っていない他のフォークを見ても、「これはフォークで、食べ物を刺して食べる道具」と認識して、そのように使うことができるのです。

4. 知的欲求を深める・拡げる実体験へ

　「もっと知りたい」という気持ちがわいてきたら、同じ図鑑の分類の中でも「しくみ」がわかるようになっている図鑑がそれに応えてくれます。電車の運転席の様子や飛行機のコックピットの中など、実際には入れない、見ることのできないものも、絵本は見せてくれます。

　また、興味をもったものの「性質」を知るための図鑑もこどもの世界を深めてくれます。動物や虫の「飼い方」、植物の「育て方」の図鑑がよいでしょう。同様に、本物を見てみたい、会ってみたい、という欲求がわいてきたら、本当の大きさの図鑑や地球儀もよいでしょう。科学を探求する力の一つである「過程を知ること」「起源を探究すること」という欲求にこたえることができます。

　図鑑は、普段の生活では見ることのできない多くのものに出会わせてくれます。まさに、読むことで疑似体験しているのです。この疑似体験をさらに深め、こどもの内側に取り込むためには体験につなげることも重要です。本を通しての疑似体験は、高学年の実験だけではなく、低学年から、あるいは幼児期から可能です。

　とくに、散歩や戸外での活動、動物園や水族館へのお出かけ、料理などは、図鑑で見たものの「実物」を見て、触れ、匂いをかいだり重さを感じたり、音を聞いたり、と五感で感じるよい機会です。外に出かけたり料理をしたりする前には、ぜひ図鑑や、その活動につながる本を読んでみてください。本から得た「イメージ」が実体験を通して「ほんもの」になる知的な喜びをこども達と味わうことができます。

『大きな運転席図鑑
きょうからぼくは運転手』
写真：元浦年康（学研プラス）

「ほんとのおおきさ動物園」
監修：小宮輝之／写真：福田豊文
（学研プラス）

事　例 ▶ 5-5　『おばけだじょ』は怖くない

　自閉傾向のある小学校2年生のムツミちゃん。行動は少し幼い印象で、あまりたくさんのことばは発しません。初めて出会うものへの警戒心が強く、知らないものは何でも「こわい！」と言いますが、同じく発達にでこぼこがある、とされている兄のリク君（5年生）がそばにい

ると安心して活動します。

　6月初めの集団プログラム「本の時間」に、大型絵本『おばけだじょ』（tupera tupera、学研プラス）を借りてきて読みました。なんだか不気味に見えるオタマジャクシが、「おばけじゃないじょ」とカエルになるところまで読むと、ほっとした表情に。読後、みんなでお話を振り返りました。「これ、見たことある？」とこども達に聞くと、生き物好きのカイト君が「おたまじゃくし！」。そこで、ムツミちゃんに「オタマジャクシ見たことある？」と話しかけると、兄のリク君が自慢げに「アマガエル飼ってるよ」といいます。そこで、絵本をめくりながら「いまどこまで育った？」と聞くと、リク君が「あし生えた！」と回答。「じゃあ、これだね」と、絵本の該当ページを見せました。男の子達のカエル談義が盛り上がります。

　表の見返しには、カエルの卵が模様のように描かれています。次は、それを見せて「これ、なんだと思う？」と聞きましたが誰もわかりません。すると、じーっと考えていたムツミちゃんが

　「たまご…？」

　「そう！こんなカエルの卵が、田んぼにいっぱいあるよ～」と支援者は応え、読み聞かせを終わりました。

　次の利用日に、ムツミちゃんは生き物図鑑を学校図書館で借りてきました。自慢げにカエルの卵の写真が載っているのを見つけ「これ！」と支援者に見せてくれます。「おばけだじょ」のオタマジャクシを見てももう怖くないようです。お兄ちゃんと一緒に、おうちのオタマジャクシはカエルになって、いまこうやってる、と飛び跳ねて見せてくれました。

④ 語る力へつなげる

1. ことばを育てる

　放課後等デイサービスなどを利用するこども達の中には、ことばによるコミュニケーションが苦手なこどもが多くいます。重症心身障がい児のように、声を出すことも難しいこども、声は出せるけれどことばにならないこども達もいます。また、難しいことばをたくさん知っていたり、専門家のように高度な説明をしてくれるのだけれど、一方的にしゃべっているだけで、日常的なやり取りは苦手というこどももいます。ことばの発達の遅れや発達の「でこぼこ」のあるこども達をどう理解して、支援していけばよいのでしょうか。

　ことばを育てるうえで欠かせないのは聴力です。耳が聞こえていれば、あるいは聴覚障害があっても、その子の「聞こえ」を最大限に活用してこども達のことばの世界を開拓していきます。

耳から入るたくさんのことばを受け止め、「りんご」と聞こえれば、赤くて丸くて、中は白くてシャリッとして噛むと甘いもの、という「りんご」の姿を思い浮かべ、そのモノが目の前にあれば「これのことだな」と認知して理解できる力。この認知して理解する力がこどもの中に「内言語」として充実してくると、思いや認識、「言いたいこと」と、心の中のことばがつながり、「ことば」として外に発せられます。この時、口の筋肉の力、舌の動かし方、といった音をつくる体の仕組み（構音機能）がうまくいかないと、上手にお話しできないということになります。

聴力と認知、さらに、ことばを口から発する発語能力がそろって発達することで、年齢相応のことばを話せる、ということです。聴力は、新生児期のスクリーニングによる早期発見と人工内耳等の医療の力での支援が充実してきています。ただし、内面の力である認知機能は育てるのが難しいのです。

「ことばが人間を人間にする」とよく言われます。発達、中でもことばの発達にでこぼこがあるこども達については、認知機能を伸ばす支援をとくに丁寧に行う必要があります。ことばは、人と人の間、まさに人間が使うものです。ですから、それを身につけるには人との間でことばを交わし、ことばを自分の内に溜めていくことが欠かせません。孤独の中ではことばは育たないのです。

ことばが通じない、ことばを使わないこどもだからといって、話しかけない、「話しかけても会話にならないからつまんない」と思うのではなく、ことばが出てこないこども達だからこそ、たくさんのことばを注いであげてください。話しかけられ、自分の何らかの発信に耳を傾け、反応してもらうことで、こども達の中にも聞こうとする気持ち、発信しようとする意欲が育ちます。自閉スペクトラム症や情緒障がいといわれるこども達は、その育ちがゆっくりなのです。たくさん話しかけ、こどもの発信に耳を傾け、応えるという相互作用、そんな自然なおしゃべりの中で、心の声が育ちます。心のことばが育つと、モノを十分に考えることができるようになります。

美しいことば、よいことば、正確な名前をこども達に届けるには、支援者をはじめ、周囲の大人の使うことばの質もよいものでなければならないと思います。必ずしも美しくも正しくもない、私達大人のことばを補うという意味でも、よい本を読んであげることは、とても大きな意味のあることと言えるでしょう。

2. ことばと絵本

内なることば、心の中のことば、認知機能が育っていないこども達のために、なぜ本の力が「効く」のかをもう一度考えます。

自閉スペクトラム症や情緒障がいといわれる特性があるこどもは、外界に対しての興味や、耳から入ることば、目に見える刺激に対しての気づきが弱く、それに集中することが苦手です。外からの働きかけを感受するアンテナの上に屋根が覆いかぶさったようになっていて、ことば

が入っていかないのです。特定のものに興味・関心は限定されて、他人に対して興味がうすいので、親や支援者がどんなに語りかけ、よいことばのシャワーを浴びせても、こどもの中にしみこみにくいのです。

多動の傾向のある子も、あちこちに興味があるので、目に見えたものに気持ちが次々に奪われてしまい、耳から入ることばをゆっくり聞いていられません。

ことばは、教え込むものではありません。「正しい」ことばを教えようと、「これ、スプーン、です、スプーン、って言ってごらん！」と押し付けても、ことばはこどもの内側に入っていきません。構音障害があり、明瞭な発音が難しいこどもも同様です。「ウウーンじゃなくて、スプーン、でしょ？　もう一度言ってごらん」と「訓練」するのではなく、その子が「スプーンとってください」という思いで発信したことばから、その子の気持ちをくみ取って「スプーンね。ハイどうぞ」と笑顔で手渡せば、その子は「思いが伝わる」よろこびをまた一つ、重ねていけます。

ことばを「育てる」ためには、根気よく、話しかけることです。人とことばを交わす、コミュニケーションの楽しさを繰り返して体験することで、発達にでこぼこがあるこどもや、「聞く・話す」ことに困難があるこどもの中にゆっくりと、でもことばは確実にしみていきます。

美しいことば、楽しいことば、豊かな表現を、絵本で読み聞かせる。こども達の反応にこちらも確実に応える——。

ことばを育てるだけではなく、こどもにとって、楽しい本を信頼している人の声で読んでもらうのは心地よい体験です。支援者は自身も本の世界を楽しみつつ、支援プログラムの一つとして、こどもの様子を観察しながら取り組みましょう。

事 例 ▶ 5-6　読書の様子からこどもをアセスメントする

ユウコさんは、地域の小学校の1年生です。ごく軽度の発達障がいがあり、今日は事業所の初めての利用日です。個別支援は読書の時間です。「何読む？」と支援員が声をかけると、自分で本棚を見に行きました。読書に抵抗はないようです。

『しりとりしましょ！たべものあいうえお』（さいとうしのぶ、リーブル出版）を取り、支援員の傍へ持ってきて「一緒に読も」と誘いました。

ユウコさんが自分で「あいすくりーむ」「むぎちゃ」「やきいも」と読み始めた姿を見て、支援者は（ひらがなを読めるんだ）と驚きました。読み進めると、「みょうが」「しょうゆ」は読み方がわからないようです。小さい「ょ」はまだ読めないのかな、と支援者は受け止めます。

さらにユウコさんは、「これ、つながっているんじゃない？」と言いながら、「しいたけ」が、次の「け」のページの始めの「けーき」に続いているのを、ページを戻って確認しました。つまり、ユウコさんはしりとりの概念を理解していて、ページをまたいでしりとりが続いていることにも気づいたのです。

ユウコさんは読み疲れるまで10分程かけて数十ページを読みました。一つのあそびに一定時間集中できるんだな、ととらえることができました。

　本を読むという活動は、こどもにとっては本を楽しむ時間ですが、支援者に細かい観察力や論理的洞察力があれば、他のあそびからはわからないその子の新しい特性を知ることができる時間でもあります。とくに、ユウコさんのように、何をどこまでわかっているのか、何に注目してどう考えるのかといった、身体の動きには現れないことをアセスメントできるという点で、読書は非常に有効です。

3. 映像よりも想像を

　学校から放課後デイサービスにやってきて、宿題を済ませておやつも食べた、その後、個別支援プログラムをこの時間帯に提供する事業所は多いでしょう。
　「ねえねえ、ゲームしてもいい?」
　「…(ほんとは個別支援でカードゲームの予定なんだけどな)カードの準備するまでなら、いいよ」
と言ってタブレット端末でゲームを始めたら、それから1時間はやめてくれない…。どこにでもある光景だと思います。
　タブレットやスマートフォンで動画を見ていたり、ゲームをしていたり、そんな時間もこどもは静かに集中できるでしょう。タブレット端末を使っての支援もすべてを否定するものではありません。しかし、放課後の限られた時間、長期休みの貴重な時間を、タブレットの小さな画面だけで発達支援を終えてしまうのはもったいないと思うものです。
　未熟で共感することのない精神は、センセーショナルな刺激を求めます。殺したり、爆発してしまったり、といった光景を無防備な心が体験してしまうと、その刺激に慣れてしまい、もっと刺激的なことを求めるようになります。こどもの内なる残虐性だけが育ち、「死ね」「消えろ」と簡単に言うようになってしまいます。
　絵本、とくに昔ばなしにも残酷な場面はあります。「魔女はかまどに放りこまれて燃えてしまいました」や「自分で自分を真っ二つに引き裂いてしまいました」…など。しかし、それはことばで表現されています。読み聞かせの中で、人の声で語られるのを聞くとき、自分の中でその場面を思い描きます。残酷な場面を想像するのと、映像で見せられるのとは、大きく違います。残酷な場面を想像することで、こどもは自分の内にも残虐性があることに気づき、それをコントロールする力を得ていきます。想像は、自分で制御できるものだからです。映像で残酷な場面を見るだけでは、残虐性は自分の外にあり続け、だから「もっともっと」とエスカレートしていきます。

　こどもが自分の残酷さを自覚し、制御できる大人になるためには、残酷な場面を想像して「なんてひどいことでしょう」と心が動くように導かねばなりません。安易に「死ね」「消えろ」とことばにして発する体験は、発達支援にはなりません。

　限られた時間での発達支援を「時間をつぶす」だけにしてはなりません。積極的にことばの力、想像力を育てるために、本棚によい本をそろえ、本の力をこども達に届けましょう。

●絵本の選び方の実践記録の一例

　児童館や学童クラブ、放課後等デイサービスで幼児や小学生への読み聞かせの経験を積んできた図書館司書が「絵本の選び方」をまとめたものを紹介します。これはあくまでも一人の支援者が数年間の経験から自分なりに作ったものです。それぞれの支援者が、こども達の特性と向き合い、身近な図書館司書や書店等の専門家の助言を得ながら、このような「本の選び方」を作り上げていくことをお勧めします。

本を選ぶ基準、本とこどもをつなげる際に気を付けていること

①読書体験の有無

- ●ない場合 ➡ 本、および読書に慣れることからスタート。あれこれ見せて好きな本を探ります。
- ●ある場合 ➡ 今までに読んだ本の好き嫌いや、反応の有無を、手がかりにします。まずは年齢相応の絵本を一緒に読んで、その子の好みを探ります。物語よりも図鑑が好き、図鑑なら分類の図鑑か、生き物の飼い方や仕組みなどを解説している図鑑か、細かく分けて探ります。

②言語理解程度

　知的発達と感情の発達の差異には配慮が必要。知的発達がゆっくり、とされているこどもでも、10歳なら10年分の人生経験があるので、感情はそれだけ発達しています。単に知的年齢に応じた幼い本を読めばよいというものではなく、ことばがシンプルなもの、絵がその子の好みに合うものを選びます。とくに、ワーキングメモリ（心的活動をしながら情報を一時的に頭の中に保存する記憶のひとつ。文を理解してその内容を保持しておき、次の文の内容と結び付けて文章全体の意味を理解するために必要）に応じて、その子が無理なく楽しめる本を選びます。

『くだもの』
平山和子さく（福音館書店）

- ●乳幼児期：赤ちゃん絵本、仕掛け絵本、繰り返し、短い物語等。

　例：『のりものいろいろかくれんぼ』（いしかわこうじ、ポプラ社）、『くだもの』（平山和

子さく、福音館書店）

●小学校低学年：短・中編物語、昔ばなし、あてっこ絵本等。読み聞かせは5分程度。

　例：『きょだいなきょだいな』（長谷川摂子作、降矢なな絵、福音館書店）、『3びきのやぎ
　　のがらがらどん』（マーシャ・ブラウンえ、せたていじやく、福音館書店）、『きんぎょ
　　が　にげた』（五味太郎作、福音館書店）

●小学校高学年以上：中・長編物語、「字の本」等。読み聞かせは10分程度。

　例：『キャベツくん』（長新太 文・絵、文研出版）、『まんぷくでぇす』（長谷川義史、PHP
　　研究所）、『モンスターホテルであいましょう』（柏葉幸子作、高畠純絵、小峰書店）

③身体条件

物理的にこどもが読書しやすい環境を作ります。

●見え方：絵の色彩や輪郭、細かさに留意します。とくに、集団プログラムで複数のこども
　たちに向き合う形で読み聞かせをする場合は、こどもと本（読み手）の距離も工夫します。
　その際は読み手の服装も単色、無地のものがよいです。胸元にワンポイントの模様がある
　だけでも、こどもには「じゃま」になるようです。また、光の入り方も重要。こどもの位
　置によってはページが光って見えづらいし、逆光になってもいけません。

●聞こえ方：周囲の雑音や、読み手の声の大きさ、高低にも注意します。

●姿勢：本人の姿勢と、本の位置、両方を調整します。

●刺激：とくにてんかんがあるこどもは、その日の体調やテンションの上がりすぎに注意し
　ます。身体が疲れていると、絵本が楽しすぎてはしゃいでしまい、発作が起きることがあ
　ります。

●手指動作：個別プログラムでこどもが主体となって読む場合、手先が不器用なこどもには
　分厚いページの本がよいようです。新品の本はとくにめくりにくいので本が傷まない程度
　にめくり癖をつけておくとよいです。

④認識・理解力の発達の段階

抽象的概念がどこまで確立されているか、こどもとのやり取りの中でアセスメントします。
経験不足による言語体系の未発達・欠如にも気づけるので、それに基づいて、本による間接
的・言語的体験に実体験を組み合わせ、体験と理解の相互作用をねらいます。

　例・集団プログラムで『ぐりとぐら』の読み聞かせをしました。複数のこどもが「卵のから」
　　を知らないとわかったので、実際に卵を割っておやつ作りをして「卵のから」や卵の料
　　理を体験しました。

　　・「中国は、日本と同じではないけど、アメリカよりは日本に似ているよね」という発言
　　を受け、『新版 世界の国旗―国旗で知る世界の国々』（シャスタインターナショナル）
　　にて「アジア」というまとまり、地図上の位置関係を知ることができました。

⑤集中力

言語理解程度と集中力は必ずしも比例しません。本人に合う内容と長さを両立させるよう

にします。

⑥識字

字が読めるとひとり読みもできます。大人の介入は様子に合わせて細かく程度分けしています。

例・字が読めるこどもでも、初めて出会うジャンルの本は読み聞かせをしてみます。

・どんな内容の本なのか、あらすじや絵の楽しみ方を簡単に紹介して興味をもつように仕向けます。

・一人で読んでいても、ページをどんどんめくっていたり、ページを行きつ戻りつしていたら、興味はあるが、内容が“のみこみづらい”状態、と思われます。「面白そうな本だね」と声をかけて一緒に読み、理解の手助けをしています。

・何度も同じ本を読んでいる場合は、“お気に入りの本”になっていると思われます。「読み聞かせしてよ」と声をかけて、こどもが声に出して読むのを聞くこともあります。その本や文章へのこどもの理解や好みがよくわかります。支援者からの「読んでくれてありがとう」はこどもにとっても大きな満足と自己有用感にもつながります。

・前のめりになっていたり、周囲の声に反応しないときは、本の中に入り込んでいることが多いので、ひとり読みを邪魔しないように背後から見守るようにしています。（こどもは支援者の視線に敏感です。気づかれないように見守りたいときはこどもの正面に視線を注がないようにしています。）

⑦興味・関心

①～⑥をふまえ、こどもが「読んでみたい」と思える本を探します。普段のあそびや会話を参考に、いま好きなことから、好きになれそうな本まで、興味・関心の幅を拡げてあげるのも重要です。

実際に本を借りてくるときのコツ

集団プログラムでの読み聞かせと、個別プログラムのために、市の図書館から本を借りてきます。

借りる本の冊数のめやす（9 ～ 12 冊／ 2 週間）（一日当たりの利用児童 8 ～ 10 人）

【集団プログラムでの読み聞かせ用に】

■ 物語　①低学年向け

■ 物語　②中学年向け

■ ものづくし（食べ物・生き物・言葉リズムあそびなど）

■ 幼児絵本

【紙芝居】

■ 物語（幼児〜低学年向け）

■ 昔ばなし

【個別プログラム用に】

- ■ 仕掛け絵本（安野光雅「だまし絵」のシリーズも小学校高学年は喜びます）
- ■ 細かい絵の絵本（『ミッケ』（小学館）、『ウォーリーをさがせ』（フレーベル館）のシリーズなども喜びますが、探し物絵本は一度見つけてしまうと繰り返し楽しめません。探し物絵本よりも細かく観察することで発見のある本（『バムとケロ』（島田ゆか、文溪堂）のシリーズや、『いちねんのうた』（エルサ・ベスコフ絵と文、石井登志子訳、フェリシモ出版）、『おばけでんしゃ』（内田麟太郎文、西村繁男絵、童心社）など）が繰り返し楽しめます。
- ■ 図鑑・事典・科学絵本・写真集
- ■ 挿絵が数ページごとに入っている「字だけの本」

＊絵〈題材、画材、写実性、色彩、構図、輪郭の取り方など〉や写真のバランスも考慮して、全冊そろえてこども達の前に並べたときに、本の見た目の印象ができるだけ多彩になるように気をつけます。

【引用文献】

- ●浅田晃佑・熊谷晋一郎（2015）「発達障害と共感性―自閉スペクトラム症を中心とした研究動向―」『心理学評論』,Vol.58, No.3, p.379-388
- ●松岡享子（2015）『子どもと本』岩波新書、p.65、岩波書店
- ●松岡享子（2021）「昔話における"先取り"の様式―子どもの文学としての昔話」TCL ブックレット「こどもとしょかん」評論シリーズ『昔話と子どもの空想』p.67、東京子ども図書館
- ●シャルロッテ・ビューラー、森本真実訳、松岡享子編（2021）「昔話と子どもの空想」TCL ブックレット「こどもとしょかん」評論シリーズ『昔話と子どもの空想』p.44、東京子ども図書館

【引用資料】

- ●小宮由『JPIC 読み聞かせサポーター講習会 子どもたちを物語の世界へ〜絵本から読みものへ〜』一般財団法人出版文化産業振興財団、2021 年 10 月 2 日講演

【参考文献】

- ●たかおまゆみ（2013）『わたしは目で話します〜文字盤で伝える難病 ALS のこと　そして言葉の力〜』偕成社

第 **6** 章

地域共生社会を作る

① 特別支援教育を知る

　日本では 2007（平成 19）年に、それまで「特殊教育」と呼ばれていた教育を「特別支援教育」へ、名称と制度を変更しました。また、この時に、従来「特殊教育」の対象ではなかった学習障がい（LD）、注意欠如多動性障がい（ADHD）、高機能自閉症などの発達障がいを特別支援教育の対象としました。これらのこども達は、知的な遅れを伴わないことが多いので、これまでは通常学級で過ごしていたのです。しかし、通常学級では、特性を理解したうえでの適切な支援を受けることができませんでした。現在、放課後等デイサービスを利用しているこどもの中でも多数を占めるこれらの特性のあるこども達の教育ニーズに応える教育は、最近の 15 年ほどの間に整えられてきたのです。

1. 特別支援教育とは

　特別支援教育には、「特別支援学校」「特別支援学級」、そして「通級による指導」があります。
①特別支援学校
　特別支援学校に通うのは、比較的障がいが重いとされるこども達です。公立の特別支援学校の 1 学級の標準人数は 6 人で、小・中学校の通常学級よりも一人ひとりのこどもに丁寧な関わりと指導がなされています。対象となる障がいは、視覚障がい、聴覚障がい、知的障がい、肢体不自由、病弱・身体虚弱です。現在では、これらの障がいが重複しているこどもも多いので、2007 年までの制度では「盲学校」「ろう学校」であった学校でも、視覚障がい、聴覚障がいだけではない、多様な障がいのあるこどもが在籍しています。盲学校やろう学校では、視覚障がいや聴覚障がいのこども達のための教育の方法やこども達への関わりについて、高い専門性と経験の蓄積があり、これらの学校を選ぶことでこどもの特性をより深く理解してもらうことができますし、その子にあった教育を受けることができます。
②特別支援学級と通級指導
　地域の小・中学校の特別支援学級は、障がいのあるこども達のために、障がいの種別ごとに置かれる少人数の学級です。8 人で 1 学級が標準的な人数です。知的障がい、肢体不自由、病弱・身体虚弱、弱視、難聴、言語障がい、そして自閉症・情緒障がいの学級があります。こども達は、自分の学級と特別支援学級の両方に籍があり、その子の個別の教育支援計画によって特性や指導の内容に応じた場所で学習します。

　通級指導は、小・中・高等学校の通常学級に在籍する児童生徒達が、1 週間のうち 1 ～ 8 時限程度、通級学級などにおいて、とくに苦手な学習や、特性ゆえの様々な困難を克服するための支援を受ける教育形態です。この通級先はほかの学校に設けられていることもあります。

表 6-1 にある通り、特別支援学級は小・中学校にのみ設けられていますが、通級による指導は高等学校でも行われるようになってきました。発達障がい等のある生徒について、コミュニケーションや就労支援などの個別支援が行われています。個別の教育支援計画等を活用して、中学校との丁寧な引継ぎによる「合理的配慮」の提供など、高等学校でも特別支援教育が始まっています。

特別支援教育は、障がいのある児童生徒について一人ひとりのアセスメントを行い、教育的ニーズを把握し、障がいや特性に応じた適切な指導・支援を行うことによって、その可能性を最大限に伸ばし、自立と社会参加に必要な力をつちかうことを目的としています。

表 6-1 ● 特別支援教育の種別と児童生徒数

特別支援学校 196,281 人 (令和3年度)		特別支援学級 326,458 人 (令和3年度)		通級による指導 134,185 人 (高校生含む・令和元年度)	
• 視覚障がい	4,775 人	• 知的障がい	146,948 人	• 注意欠陥多動性障がい	24,709 人
• 聴覚障がい	7,651 人	• 肢体不自由	4,653 人	• 学習障がい	22,389 人
• 知的障がい	134,962 人	• 病弱・身体虚弱	4,618 人	• 自閉症	25,635 人
• 肢体不自由	30,456 人	• 弱視	631 人	• 情緒障がい	19,155 人
• 病弱・身体虚弱	18,896 人	• 難聴	1,931 人	• 弱視・難聴・肢体不自由、	
		• 言語障がい	1,355 人	病弱・身体虚弱	2,606 人
		• 自閉症・情緒障がい	166,322 人	• 言語障がい	39,691 人

出典：文部科学省初等中等教育局特別支援教育課「特別支援教育行政の現状について　令和4年3月」令和3年度発達障害支援の地域連携に係る全国合同会議資料より

2. どの学校で学ぶか―インクルーシブ教育

障がいがあるこどもはどの学校で学ぶのか――。多くの児童発達支援事業所や児童発達支援センターでは、こどもが保育園や幼稚園の年中さん（4歳児クラス）の秋になると、翌年の就学相談に向けて、保護者との相談を始めます。年長さん（5歳児クラス）の秋、10月31日までには「学齢簿」が作成され、11月末までには就学時健康診断が行われます。市町村の教育委員会が行うこの就学時健診では、こども達の健康状態の把握だけではなく、特別支援教育の必要性を判断して、就学支援や教育的な支援、さらには家族支援に結びつけることも目的です。

「障がいが重いから特別支援学校」と一方的に就学先が決められるわけではありません。学校教育法施行令第22条の3に示されている特別支援学校入学の対象となる障がいの基準（表6-2）に基づいて判断されます。この判断は一方的なものではなく、こどもの保護者は「就学先決定ガイダンス」を受け、市町村教育委員会が設ける「教育支援委員会」（かつては就学指導委員会、といいました）において希望や思いを述べます。教育支援委員会では本人・保護者の意見を最大限に尊重しつつ、障がいの状態や医師等専門家の意見をふまえて検討します。就

学先を決定する際には本人・保護者からの意見を聞くことが市町村教育委員会の義務とされています。

　障がいの程度が特別支援学校に行くほどではない、とされた場合も、地域の小・中学校で通常学級に在籍して通級による指導を受けるのか、あるいは特別支援学級に籍を置くのかについても就学前に十分に相談し、こども自身の障がい特性や可能性にかんがみて、教育的ニーズに応じた学びの場を提供できるように決めていきます。

　なお、学習障がい(LD)、注意欠如多動性障がい(ADHD)のこどもは通級による指導を受けることが基本です。もちろん、現実には、担任の力量や学級・学年の人数、設備など多様な環境要因から特別支援学級で学ぶこどもも多くいます。また、知的障がいのこどもは、継続的・個別的な学習指導が必要なので、週の数時間だけの通級による指導には向きません。原級での友人関係やその子の居場所も大切にしながら、多くは特別支援学級で、その子にあった学習指導計画による学びをすすめます。

表 6-2● 学校教育法施行令第 22 条の 3

区　分	障害の特徴
視覚障害者	両眼の視力がおおむね 0.3 未満のもの又は視力以外の視機能障害が高度のもののうち、拡大鏡等の使用によっても通常の文字、図形等の視覚による認識が不可能又は著しく困難な程度のもの
聴覚障害者	両耳の聴力レベルがおおむね 60 デシベル以上のもののうち、補聴器等使用によっても通常の話声を解することが不可能又は著しく困難な程度のもの
知的障害者	一　知的発達の遅滞があり、他人との意思疎通が困難で日常生活を営むのに頻繁に援助を必要とする程度のもの 二　知的発達の遅滞の程度が前号に掲げる程度に達しないもののうち、社会生活への適応が著しく困難なもの
肢体不自由者	一　肢体不自由の状態が補装具の使用によっても歩行、筆記等日常生活における基本的な動作が不可能又は困難な程度のもの 二　肢体不自由の状態が前号に掲げる程度に達しないもののうち、常時の医学的観察指導を必要とする程度のもの
病弱者	一　慢性の呼吸器疾患、腎臓疾患及び神経疾患、悪性新生物その他の疾患の状態が継続して医療又は生活規制を必要とする程度のもの 二　身体虚弱の状態が継続して生活規制を必要とする程度のもの

② 「地域と共にある」学校との連携・協働

1. 障がいのあるこどもにとっての「地域」の重要性

　かつて、学校は、校長先生、教頭先生の下、各学級の担任の先生が「自分の」学級を預かり、学習活動や児童生徒の委員会活動、行事などのなかで先生方がそれぞれの得意分野を生かして分担し、連携してこどもの教育を一手に担ってきました。しかし、こどもをめぐる環境の変化

により学校に期待される役割や機能も変化し、また増大しています。教職員の業務内容は多岐にわたり、先生方の忙しさは社会の中でも問題視されるほどです。

こども達は地域のこどもですから、学校は地域とは切り離せません。地域と協力、連携してこども達を育む学校の在り方を様々な立場の人達が検討して、「地域に開かれた学校」という学校を中心にした見方からさらに進んで、現在は「地域と共にある学校」という考え方が進められています。

その考え方を具体化したものとして「コミュニティ・スクール」があります。コミュニティ・スクールとは「地方教育行政の組織及び運営に関する法律第47条の5に基づく学校運営協議会を置く学校」のことです。これは単に「学校運営協議会」を設置していればよいということではありません。地域の人が「うちの学校」という意識で関わり、こども達にどのように育っていってほしいか、目指すべき教育のビジョンを保護者のみならず地域とも共有し、目標の実現のために地域の多様な立場の人と協働していく仕組みのことです。

特別支援教育においては、障がいのあるこども達の特性を地域の人が理解して、こども達が地域で様々な人と出会い、様々な体験を積んで、地域で自立していくための支援を得るために、「地域と共にある」ことは欠かせません。ただ、ここでいう「地域」を校区やその学校がある地域だけでイメージしてしまうと、市町村をまたいでこども達が通ってくる特別支援学校にとっては、広すぎて、連携や協働のイメージがぼんやりしてしまいます。

「コミュニティ」には、地域としての「ローカル・コミュニティ」と、課題解決のための考え方や視点、認識を共有する、いわば「その筋の」人達による「テーマ・コミュニティ」があります。特別支援学校にとってのコミュニティは、地図を広げて把握できる「地域」のコミュニティと、障がいがあるこども達を支援する人、こども達を理解しようとしている人の輪、テーマ・コミュニティの両方を指します。それは、医療機関であったり、相談支援機関であったり、療育施設であったり、放課後等デイサービスのような発達支援の場であったりします。

とくに、放課後等デイサービスをはじめとする、こども達の放課後を支える機関は、地域の小・中学校の特別支援学級に通うこども達や、通級による指導を受けるこども達にとっては「地域の」支援機関であり、特別支援学校のこども達にとっては、学校からはちょっと離れているけれど、障がいのあるこどもの発達支援、という一つのテーマを共有する「テーマ・コミュニティ」の機関でもあります。

放課後等デイサービスは、個々の事業所は小さいけれど、地域の中で障がいのあるこどもの発達支援を担い、地域が障がいについて理解を深めるためには大切な存在であるといえます。

2. 家庭・学校・通所事業所の協力

文部科学省と厚生労働省は、2017（平成29）年12月に、『家庭と教育と福祉の連携「トライアングル」プロジェクト〜障害のある子と家族をもっと元気に〜』というチームを立ち上

げ、2018（平成30）年3月に報告書をまとめました。これは、家庭と学校と障がい児通所事業所（主に放課後等デイサービス）がまさにトライアングル（三角形）でしっかりつながり、連携、協力してこどもと家族を支え、また学校と通所事業所の職員が相互の専門性を発揮しつつ連携、協力して、よりよい教育・支援を作り上げるために必要な方策について検討したものです。この報告書を受けて、家庭と教育と福祉の連携を一層推進するよう、制度の改正が進みました（図6-1のようなイメージ）。

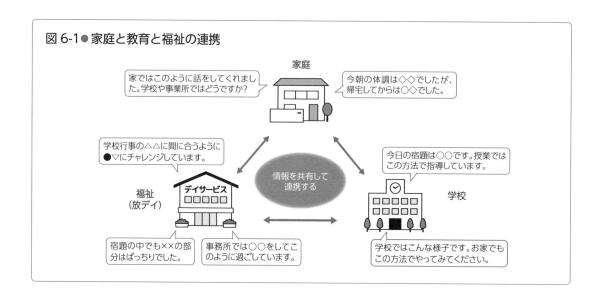

図6-1●家庭と教育と福祉の連携

現状では、学校の先生達の間では放課後等デイサービスという制度や事業のことはあまり理解されていません（図6-2のようなイメージ）。障がいのあるこども達のための「放課後児童クラブ」か「放課後子供教室」という印象で、そこが発達支援の場であることは、各学校に配

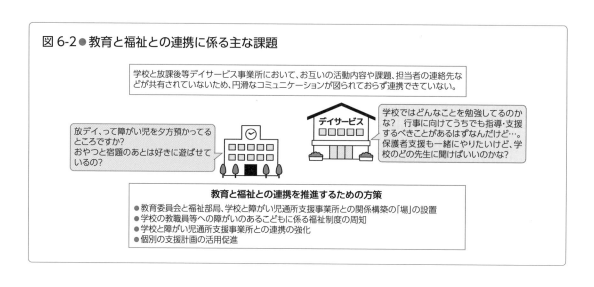

図6-2●教育と福祉との連携に係る主な課題

置されている「特別支援教育コーディネーター」の先生達にようやく浸透してきたというところではないでしょうか。

　また、一人のこどもについての情報共有の方法が確立されていないため、学校の行事日程や学習内容、個別の教育支援計画の共有が思うように進んでいません。そこで、2018（平成30）年8月27日、学校教育法施行規則の一部改正により、個別の教育支援計画の作成に当たっては、こども本人や保護者の意向をふまえつつ、関係機関等とそのこどもの支援に関する必要な情報の共有を図らなければならないとされました。具体的な方法を確立するために国が行ったモデル事業として、「教育・家庭・福祉の連携マニュアル」が作成されています（章末の【参考資料】に文部科学省と兵庫県から出された兵庫県の取り組みの情報を掲載）。

　これらの取り組みでは、家庭（保護者）と学校、放課後等デイサービスがそれぞれの場所からこどもを送り出す際に、日々のこどもの状況を引き継ぎ、情報を共有することで、こどもが安心して一日を過ごせるような仕組みが作られています。具体的には次のような内容です。

●**安心安全のために**
- 児童生徒の引き渡しや訪問のルール（時間や場所、その際に確認する事項など）を決める
- その子の特性や場所、時間帯によるリスクや緊急時の対応等、必要な情報を共有する

●**支援の一貫性を守るために**
- 物の呼び方やルールなどを統一して、家庭でも学校でも事業所でも一貫した指導や支援を行う

●**合理性のために**
- こどもについての理解だけでなく、家庭や学校、事業所が、こどもにどのような関わりをもっているのか、そのためにどんな情報や連携を必要としているのかを相互に理解して、連携や連絡の体制を整備する

　家庭、学校、事業所が、こどもにとっての最善や自立のために必要な支援目標を共有し、相互の専門性を理解したうえで補完、協力する関係を、年度が替わっても引き継ぎ、継続していくことで、家庭の変化や担任の交代、といった環境の変化があっても支援は途切れることなく、その質を保つことが可能になります。「今」の情報だけでなく、支援や成長の記録を積み重ねることで「次」の支援である就労や自立の支援につなげることも容易になります。

〔**用　語　解　説**〕

●**特別支援教育コーディネーター**
　特別支援学校はもちろん、地域の小・中学校にも配属されています。障がいがあるこどもだけではなく、発達や学習面について「ちょっと気になる」こどもについても、学校生活全般において、生活面、学習面についての相談に応じます。また、保護者の相談窓口となり、学校内や福祉、医療等の関係機関との連絡調整の役割を担う先生です。

3. 個別支援計画と個別の指導計画、個別の教育支援計画をつなげよう

　一人のこどものために、学校と事業所、また相談支援の立場から、いろいろな「計画」が立てられます。小学校及び中学校学習指導要領では、特別支援学級に在籍する児童生徒及び通級による指導を受けている児童生徒については、「個別の教育支援計画」と「個別の指導計画」を全員に作成することとされています。福祉の支援者が作成する計画と名前も目的も似ていますので、混同しないように整理してみましょう（表6-3）。

表6-3●障がいのあるこどもについて作成される計画

福祉にかかる計画	教育にかかる計画
障害児支援利用計画	**個別の教育支援計画**
障害児相談支援事業所の計画相談員が、俯瞰的に子どもの状況を捉えながら、総合的な援助方針や解決すべき課題を踏まえ最も適切なサービスの組合せ等について検討し、目標を立てて子ども又は保護者の同意のもと作成する計画のこと。	個別の支援計画のうち、幼児児童生徒に対して、教育機関が中心となって作成するものを、個別の教育支援計画という。本人及び保護者の意向や将来の希望などを踏まえ、在籍校のみならず、家庭、医療機関、福祉機関における支援の目標、内容を具体的に記述し、支援の内容を整理したり、関連付けたりするなど関係機関の役割を明確にする。
放課後等デイサービス計画（個別支援計画）	**個別の指導計画**
放課後等デイサービス事業所の児童発達支援管理責任者が、放課後等デイサービスを利用する個々の子どもについて、その有する能力、置かれている環境や日常生活全般の状況に関するアセスメントを通じて、総合的な支援目標及び達成時期、生活全般の質を向上させるための課題、支援の具体的内容、支援を提供する上での留意事項などを記載する計画のこと。	個々の児童生徒の実態に応じて適切な指導を行うために作成しなければならないものであり、教育課程を具体化し、障がいのある児童生徒一人一人の指導目標、指導内容及び指導方法を明確にして、きめ細やかに指導するために作成するものである。また、計画（Plan）－実践（Do）－評価（Check）－改善（Action）のサイクルにおいて、適宜評価を行い、指導目標や指導内容、指導方法を改善し、より効果的な指導を行う必要がある。

出典：芦屋市教育委員会『教育・家庭・福祉の連携マニュアル』（令和3年4月）p.6

　表を見ると、学校で作成する「個別の指導計画」と放課後等デイサービス（以下、放デイ）などで作成する「個別支援計画」の内容をつなげると、学校での教育活動、放デイで行う発達支援に一貫性が生まれます。学校での活動と放デイでの活動がつながり、響き合うことで双方の支援が充実することは容易に想像できます。平成30年度の障害福祉サービス等報酬改定において、障害児通所支援事業所等が学校と連携して個別支援計画を作成する際の加算（関係機関連携加算）が充実したのも、学校と放デイ等事業所の連携を促進するためです。

　「支援共有記録」（表6-4）の活用も、教員と支援者の視点のずれを矯正し、共通の目標を明確化するためにも有効でしょう。

表6-4 ●支援共有記録

支援共有記録

記入日　年　　月　　日　記入者（　　　　　　　　）

（出席者　　　　　　　　　　　　　　　　　　　　　）

1　対象児童

児童氏名	ふりがな	所属学校	
		利用事業所	

2　協議内容

検討事項等	【本児のよいところ】
	【本児の気になるところ】
	【本児の目標、支援の方針】
	【今までの支援内容】
	【今後の支援案】

3　決定事項

今後の支援内容	だれが／いつ／なにを／　等、明確に

出典：戸田市教育委員会『令和2年度 教育と福祉の連携マニュアル』（令和3年3月）」p.6 を一部改変

用語解説

●関係機関連携加算

　厚生労働省は障害者総合支援法に基づき、「障害福祉サービス等報酬」を定めており、放課後等デイサービスの費用（事業所が自治体から受け取る報酬）についても、基本的なサービスの点数や体制強化等による加算の点数を定めています。原則、3年ごとの見直しがあり、令和3年度にも報酬改定がありました。

　「関係機関連携加算（I）」は、放課後等デイサービスや児童発達支援が、こどもが通う学校や保育所などの関係機関と会議を開催して個別支援計画を作成し、連絡調整や相談援助を行った場合に加算できます（1回につき200単位／月1回のみ）。事前に保護者の了承を得ることが必要です。このほかにも様々な加算が設けられています（事業所でやるかどうかは異なります）。巻末の資料を参照ください。

4.「こどもが真ん中」から「課題を真ん中に・こどもと共に」へ

　乳幼児期、小学校低学年までのこどもは、体も小さく、体力も成長の途上にあるので、周りの大人が守り、かばって、できないことはやってあげる必要があります。届かないところにあるものは大人が取ってあげるし、重いものは大人がもってあげればいいでしょう。もちろん、踏み台を用意して自分でとれるようにしてあげたり、重い荷物を小分けにすることを教えたり、大人が持つのではなく、友達と二人で運ぶことを促したりと、成長に合わせて環境を整えたり、声かけをしたり、という支援も行います。できないことは恥ずかしいことではないので、「手伝っ

てください」と助けを求める力をつけることも大切な支援です。

　一人のこどもについて周囲の大人が連携して情報を共有し、アセスメントを行い、その子の強みや課題を明確にして連携して支援を作り上げていく支援のあり方は、まさにこどもを真ん中に、多職種が連携して支援する「child　centered　care」のかたちと言えるでしょう。

　しかし、こどもが成長して、自分の課題を客観視する力が育ってきたら、「こどもが真ん中」ではなく、「課題を真ん中」に据え、こども自身も課題に対して自分でできる解決策を考え、周りの協力を得ながらその実現に向けて調整と努力を重ねていく、課題中心型の支援に変化していきます（153 ページの図 7-2 のようなイメージ）。保護者はもちろん、周囲の支援者がその子を一生ずっと支援し続けることはできません。その子自身が自分の特性を知り、理解して受け入れ、客観的に見て自分なりの解決・克服、あるいは困難の軽減方法を考えることが必要です。それは、自分の特性やそれゆえに発生する困難を言語化し、表現する作業であり、知的な発達が順調であれば 10 歳前後でそれに向き合うことになるでしょう。

　自分を客観視して、困難な特性を自覚し、語る、それは非常に「しんどい」作業です。しかし、自分とはこういう人間なんだという認識をもち、自分の人生を生きるためにはこの特性と共に生きるのだ、というところにたどりつくために必要な過程でもあります。

　この過程を支えるのは教育の力です。しかし、学校だけでそれを支え切ることはできません。主体的に過ごす放課後に、どのような支援をすれば、思春期に差しかかるこども達が、自分の困難な特性を受け入れ、自分なりの解決法を見出し、「こうやって生きていく」という道をつかめるか、支援者は学校と協力して支援を作っていく必要があります。

事例 ▶ 6-1　「私はタブレットで作文します」〜読み書き障がいの 6 年生

　ヒサエさんはクラスの中でも目立つ存在ではありませんが、芯はしっかりした子です。入学と同時に始めたそろばんのおかげか、算数が得意です。ただ、読み書きに極端な困難があり、国語は苦手です。見た文字を頭の中で「音」に変換することが難しくて、頭で考えた言葉を文字に変換して書き表すこともヒサエさんにとっては非常に困難なことなのです。

　小学校 1 年生の秋ごろに通級による指導を受けるようになりました。ご両親は時間をかけてがんばればいいと言いますが、学習障がいは生まれつきなのでいくら「がんばれ」と言われてもどうしたらいいのか、自分ではわかりません。読み書き学級（通級指導の教室）の先生が文章を単語に切り分けて書いてくれて、文章も少しずつ読めるようになり、さらに長い文章はタブレット端末のアプリを活用して耳から取り込むことで言葉の力は伸びてきました。

　4 年生くらいまでは、計算が得意なので算数は得意科目でした。しかし、算数の文章題が長くなり、それを読み込んで計算式に変換することが難しくなってきました。先生が文章題を声に出して読んでくれるとすぐに解ける問題でも、自分で読むとなると、途端に「読めない…」

と涙が出てきます。友達の前でタブレットを使うのはいやがります。さらに、国語では作文が書けなくて学校での勉強が次第に辛いものになってきました。登校を渋る日が増え、放デイで宿題をするように声をかけても、「なんでこんな頭なの？　できそこないじゃん！」「どうせ、授業にもついていけないし、中学に行ったらもっとできそこないになる」と泣いて、宿題のノートをカバンに放りこんでその上に座り、動かない日が続いていました。

新型コロナウイルス感染症の広がりで、学校が休校になってからは、「学校に行かなくていいんだ」と喜び、長い春休みの間、ヒサエさんは朝から放課後等デイサービスに通いました。放デイでは、学校の担任と相談して、タブレット端末を障がいを克服するツールとして使って読書や作文や詩などの言語表現を楽しめるよう、個別支援計画を立てました。

タブレットを活用する活動を中心にすえ、ヒサエさんが大好きなアニメの原作の小説を読むことを提案したのです。時間を決めて、タブレットで上下2巻の「大作」を耳から「読んで」います。同時に、タブレットの音声認識機能を活用して、作文を書く練習も始めました。2週間ほどかけて、ヒサエさんは小説を読み切りました。それと同時に、タブレットでその本がどんなに素晴らしい物語であるか、という作文を書きました。物語世界への深い感動と共に、こんなに長い物語を一人で読めた、という体験は彼女に大きな自信を与えてくれました。もう「読めない」と泣くこともなくなりました。

遅れて始まった新年度。6年生の修学旅行は行き先が変更されたものの実施されることになりました。実施後には振り返りの作文を書くことになっています。修学旅行に行く前に、ヒサエさんは担任の先生に、タブレットを使うことをみんなに説明したいと自分から言い出したのです。修学旅行の準備の会で、ヒサエさんは学年のみんなの前に立ちました。

「みんなも知ってるかもしれないけど、私には脳の中にうまく働かないところがあって、字は読めるけど文章を読めません。だから、タブレットを使って読んだり書いたりします」

「修学旅行にはタブレットを持っていきます。そしてメモの代わりに使ったり、説明文をタブレットで読み取ったりします。みんなと違うやり方なので、おかしいと思うかもしれないけど、自分ではそれを許すことにしたので、皆さんも私がタブレットを使うのを大目に見てください」

修学旅行は無事終わり、ヒサエさんは修学旅行の作文を、タブレットを活用して書き上げました。

もうヒサエさんは自分のことを「できそこない」とは思っていないでしょう。本来もっている自分の力を、みんなと違う自分なりの方法で発揮する、そんな自分を「許すことに」して、それをみんなに説明できたのですから。学校の担任と放デイの指導員がその話を共有しながら、一緒に泣いたのは言うまでもありません。

③ 生涯発達を見据えた共生社会を目指す

1. アドボケイト

　その子の特性に応じた専門性をもってつくられる支援の輪は、こどもの成長に伴って変遷していきます。生まれたばかりの赤ちゃんは母親と一体化しているようにして過ごしますが、母親とこどもは別の人格をもつ存在であり、「母子」とひとくくりにして支援マップの真ん中に置かれるべきではありません。母と子は、こどもの成長に応じて少しずつ離れ、育てる人と育つ人として、それぞれが別の支援を受けるようになります。子育て支援には、こども自身への支援と、こどもを育てる人への支援、二つの側面があります。したがって、お母さんを支えていればこどもにとっての最善が実現する、ということはないのです。

　成長し、自我が芽生え、親離れするにつれて、こどもの本心を代弁できるのは母親だけではなくなります。こどもの本心を理解しているのは学校の先生だったり、放デイの支援者だったり、思春期以降は友達やきょうだいが最大の理解者としてアドボケイト（その人の本心、言うに言えないことを代弁すること）の役割を担います。

　とくに、学齢期、小学校3、4年生以降の支援の輪を考えるうえで忘れてはならないのが、地域のこども同士の仲間です。小学校3、4年生になり、自我が育つ頃には、親や身近な支援者に言われた通りに行動することはなくなります。知的な成長発達に遅れがなければ、自分とは何者かを考え始める時期です。障がいや特性のあるこども達は、自分の特性を自覚し、「他人と違う自分」をどう受け入れるかもがいています。「他人にはない自分の特性」とそれゆえに感じる困難を、許し、受け入れ、あるいは克服するための努力をして、それが無理であれば「折り合いをつける」という心の作業を、こども達は自分自身でしなければなりません。これを支えるのは、出来上がった価値観をもつ大人ではなく、同じように自分とは何だろう？　という葛藤の中にいる、同年代の仲間です。

2. 思春期、そして自立へ

　思春期には、親には言えないことの方が多くなります。もちろん、学校の先生や放デイの支援者をはじめとする身近な大人にも。自分の「やりたいこと」と「できること」の差に気づき、自分と他者との違いにも気づき、時に孤独に現実と向き合わねばならないこの時期。

　もちろん、放デイの支援者だけがそんなこども達を支えるのではありません。学校の先生や他施設の支援者、相談支援専門員はもちろん、市町村の障がい福祉担当や医療機関との連携も必須です。先輩の姿を参考にし、卒業後の地域の居場所となる生活介護事業所や、就労支援事

業所等と協力体制をとって、卒業後の暮らしへ、「進路」を開拓していくことも必要です。

　支援チームが目指すのは、こどもの自立です。こども達は自分の「できないこと」を受け入れつつ、自分の「できること」を探していくことになります。自分でできることはきちんと果たしつつ（自助）、できないことについては素直に「助けて」と発信して周りからの支援を受けて生きる（共助・互助）ことが必要になります。学力とは別の、そんな生きていく力を身につけなければなりません。

　放デイは、こどもの最大の居場所である学校と連携を取りつつ、こどもの自由で主体的な発達を支援する役割を活かして、地域の居場所、自立を支えるネットワークの拠点として、地域の支援者と、情報と目的を共有してチームを作りあげていく場でもあります。

3.「親亡き後」を見据えて

　卒業後の支援は「親亡き後」を見据えたものになります。多層な支援を受けつつ、自分のlife（生活と人生）を自分で選び取っていく力を身につけなければなりません。緊急時に助けてくれる人・場所、緊急事態にならないような支援をして相談に乗ってくれる人、自立のための新たな体験の場などが必要です。そんな自立支援のネットワーク＝地域生活支援拠点につながる支援を、放デイからの卒業に向けてつくりあげていきましょう。

　もはやこどもではなくなった若者は自分の意思を自分の言葉で発信する力をもちます。それが不十分な場合の代弁は、多様な専門性をもつ支援者や、共に育って大人になった友達が、それぞれの視点から行います。代弁者は複数いてもいいのです。

　多様な専門性をもつ支援者と、地域で暮らす仲間に支えられて、自立して暮らす。暮らし続ける。それが障がい児の自立を支えるしくみです。

4. インクルーシブな地域へ

　心身の特性ゆえに特別な支援を受けつつ育ってきたこどもが成人するころ、共に育ってきた同級生や先輩・後輩といった仲間も、共に成人して、地域の市民として自立した生活を営むようになります。インクルーシブ教育（誰も排除することなく、いろいろな人がいることを許容してともに育つ教育）があれば、こどもの成長と共にインクルーシブな地域が作られていきます。障がいのあるこども達が成長し、成人して、相変わらず特別な支援を受けつつ、自分のできることをこなして社会で生きる「社会人」になるとき、こども時代から変わらないつながりを地域の仲間達との間で保っていくことは、障がいがあるこどもが大人になり、そこで生活していくうえで非常に重要です。

　住み慣れた地域には付き合い慣れた人達がたくさんいます。それは支援者だけではなく、同じ地域で暮らす生活者どうし、幼馴染や高校時代からの友人もまた、互いに助け合うことので

きる存在です。

　近所の友人、よくいくお店の店員さん、駅員さんや学校の友人とその家族、というインフォーマルなネットワークは家族に準ずる身近なところで当事者を支えます。そのインフォーマルな支援のネットワークを、医療と福祉両面の相談支援や、緊急時や災害対応などの専門性の高い"公助"の機関で支えます。

　学校を卒業して「社会人」になったら、地域の居場所も放デイから生活介護や就労の場へと移り、青年期以降の本人を囲む支援の輪は、親亡き後も地域で生活していけるような体制へと変化します。障がいや疾患があっても自立を目指す本人の「自助」を、身近な人の「共助」が支え、それを専門性の高い「公助」が支援して、切れ目のない支援を構築することをめざして、地域の行政や支援者のネットワークで計画的に実現していきます。

5. 放課後等デイサービスが地域共生社会の土台になる

　児童発達支援に始まり、放デイが中心になって構築してきた多職種連携の輪は、こどもの成長に伴って、地域全体の支え合いへと変遷していきます。この支援の輪の変遷と、切れ目ない支援は、行き当たりばったりではもちろん不可能です。学校が、あるいは地域の支援者が学校と連携しつつ作る「個別の教育支援計画」にもとづき、多様な専門性をもつ支援者が、保護者やこども自身の願いや力をくみ取り、読み取りつつ作り上げるものです。

　介護が必要な高齢者だけではなく、特別な支援を要するこどもも含めて、手厚い助けを必要とする人それぞれのために作った支援チームが、その成長・加齢と共に変化しつつ、つながり合う地域。こどもから高齢者まで、自助と共助、公助が重なり支え合う地域、地域共生社会を作るには、時間がかかりますが、多職種連携による通所支援はその出発点となりえます。

　放課後等デイサービスで働く、ということは、一人ひとりのこどもの成長を支えると共に、地域全体の福祉の充実のためにも働いている、ということです。支援者の、日常の手探りの支援の積み重ねが、地域の福祉を支える土台になるのです。

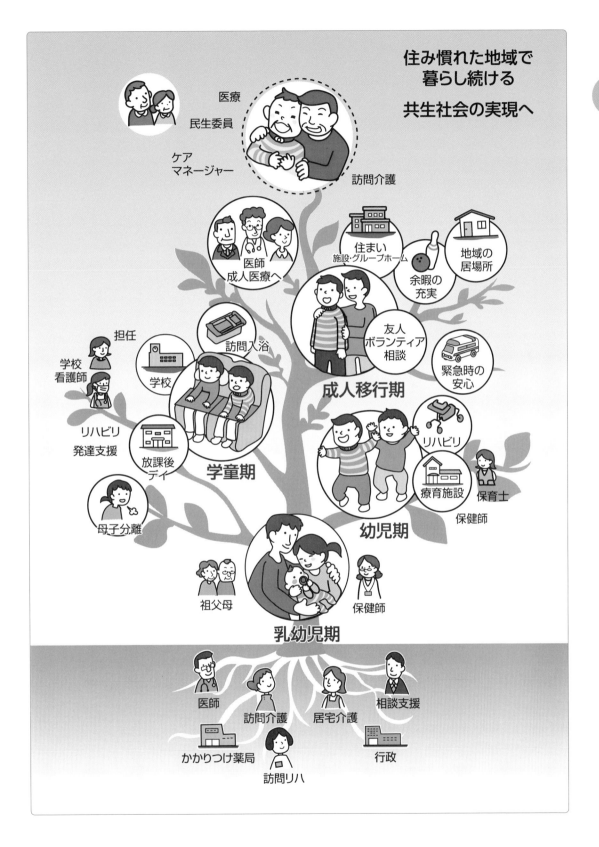

【引用文献】
● 芦屋市教育委員会『教育・家庭・福祉の連携マニュアル』（令和 3 年 4 月）p.6
　https://www.city.ashiya.lg.jp/gakkoukyouiku/documents/kyoiku-katei-fukushi_renkeimanual.pdf（2022
　年 4 月 14 日確認）
● 戸田市教育委員会『令和 2 年度　教育と福祉の連携マニュアル』（令和 3 年 3 月）p.6（文部科学省ホームページより）
　https://www.mext.go.jp/content/20210701-mxt_tokubetsu02-000016522_06.pdf（2022 年 4 月 26 日確認）

【参考文献】
● 齋藤雅英他編（2021）『特別支援教育』中山書店
● 文部科学省「新しい時代の特別支援教育の在り方に関する有識者会議報告」（令和 3 年 1 月）
● 文部科学省「家庭と教育と福祉の連携「トライアングル」プロジェクト〜障害のある子と家族をもっと元気に〜」
　https://www.mext.go.jp/a_menu/shotou/tokubetu/material/1404500.htm（2022 年 3 月 30 日確認）

【参考資料】
● 兵庫県教育委員会『教育・家庭・福祉の連携マニュアル』（令和 3 年 3 月）文部科学省ホームページより
　https://www.mext.go.jp/content/20210701-mxt_tokubetsu02-000016522_02.pdf（2022 年 4 月 14 日確認）

第7章

医療的ケアや体を理解する

～自立と尊厳を守るために～

①〔 医療的ケアが必要なこども達

　「医療的ケア児」とは、日常的に人工呼吸器の使用、気管切開や胃ろうの造設、導尿…といった「医療的ケア」が必要なこども達のことです。2020（令和 2）年には全国に約 2 万人いると推計されています。この 10 年で 2 倍に増えたと言われていますが、背景には医療の進歩が挙げられます。かつては助からなかったいのちが助けられるようになる一方、常時、医療的なケアを必要とするこどもが増えているのです。

　2016（平成 28）年に、「障害者の日常生活及び社会生活を総合的に支援するための法律」（障害者総合支援法）と「児童福祉法」の改正があり、医療的ケア児が「人工呼吸器を装着している障害児その他の日常生活を営むために医療を要する状態にある障害児」と定義づけられました。それまで医療的ケア児は、制度上は医療が支える存在でした。地域で暮らし、地域で成長することが想定されていなかったのです。この障害者総合支援法と児童福祉法の改正により、医療の進歩に、障害福祉や子育て支援がようやく追いついてきた、と言えるでしょう（図7-1）。

図7-1 ● 医療的ケアの必要なこども達のいる状況

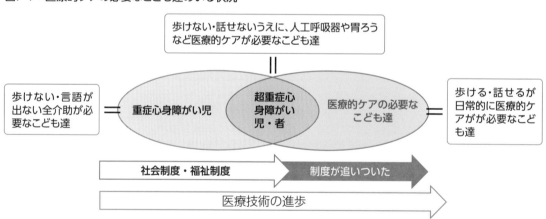

　さらに、2021（令和 3）年 6 月 18 日に成立した「医療的ケア児及びその家族に対する支援に関する法律」（医療的ケア児支援法）は同年 9 月から施行され、医療的ケア児が、医療的ケア児でない児童等と共に教育を受けられるように、地域の保育所や幼稚園、学校にも看護師を配置できるようになりました。同時に、放課後児童健全育成事業（放課後児童クラブ）においても、看護職を配置して医療的ケア児を受け入れることになりました。

　医療的ケアは人工呼吸器の使用や痰の吸引だけではありません。表 7-1 にあるケアが「医療的ケア」とされているものです。この表は国の「障害福祉サービス等報酬」において「医療

的ケアの新判定スコア」と呼ばれるもので、医療的ケアの内容（＝基本スコア）とその子の行動の状態、つまりどのくらい手がかかるか（＝見守りスコア）を合計して、総合的なケアの「大変さ」を数値化したものがその子の「医療的ケアスコア」となります。

表 7-1●「令和 3 年度障害福祉サービス等報酬改定」における医療的ケアの新判定スコア（概要）

医療的ケアの内容		基本スコア	見守りスコア		
			高	中	低
1　人工呼吸器（鼻マスク式補助換気法、ハイフローセラピー、間歇的陽圧吸入法、排痰補助装置、高頻度胸壁振動装置を含む）の管理		10	2	1	0
2　気管切開の管理		8		2	0
3　鼻咽頭エアウェイの管理		5		1	0
4　酸素療法		8		1	0
5　吸引（口鼻腔・気管内吸引）		8		1	0
6　ネブライザーの管理		3		0	
7　経管栄養	(1)経鼻胃管、胃ろう、経鼻腸管、腸ろう、食道ろう	8		2	0
	(2)持続経管注入ポンプ使用	3		1	0
8　中心静脈カテーテルの管理（中心静脈栄養、肺高血圧症治療薬、麻薬など）		8		2	0
9　皮下注射	(1)皮下注射（インスリン、麻薬など）	5		1	0
	(2)持続皮下注射ポンプ使用	3		1	0
10　血糖測定（持続血糖測定機による血糖測定含む）		3		1	0
11　継続的な透析（血液透析、腹膜透析を含む）		8		2	0
12　導尿	(1)間欠的導尿	5		0	
	(2)持続的導尿（尿道留置カテーテル、膀胱ろう、腎ろう、尿路ストーマ）	3		1	0
13　排便管理	(1)消化管ストーマ	5		1	0
	(2)摘便、洗腸	5		0	
	(3)浣腸	3		0	
14　痙攣時の坐薬挿入、吸引、酸素投与、迷走神経刺激装置動作等の処置		3		2	0

　基本スコアが高いケアの内容を見ると、呼吸に関わるケアをはじめ、食べること、排泄に関わるケアが多く、どれも生命の保持に欠かせないケアであることがわかります。

　医療的ケアは基本的に看護職が行います。いのちに直結するケアであるだけに、医療的ケアをはじめは「怖い」と思うかもしれませんが、人間の体のつくりや働きを知ることで理解できるようになります。何のために、どのように行うのか、医療的ケアを理解することで看護師との協力もしやすくなります。また、体の仕組みを理解できると、医療的ケアの必要なこどものことだけでなく、それ以外のこどもの成長や発達のことを理解する助けにもなります。

② 「医療的ケア」を理解する

1. 気管切開―「呼吸」を守るために、のどに造る空気の通り道

①呼吸と気管切開

　「呼吸」は、鼻や口から肺に空気を吸い込んで、体に酸素を取り込み、その代わりに、体じゅうから排出される二酸化炭素を吐き出す機能で、生きるためには1分間も止めることのできない大切な体の働きです。しかし、空気の通り道（＝気道）が狭かったり、肺や気管にたまった痰などの分泌物をうまく出せなかったり、肺を膨らませて空気を吸い込む力が弱く、苦しい状態が長期にわたる場合に、気管切開をします。この気管切開の状態がずっと続くこどももいますし、成長して呼吸の力が整って、気管切開を閉じられるこどももいます。

　気管切開とは、のどに穴をあけ、専用の気管カニューレ（以下、カニューレ）と呼ばれる管を入れ、そこから呼吸するための方法です。「のどに穴」と言っても、穴の大きさは鼻の穴と同じくらいです。のどに穴が開いているというのは大変なことのように感じるかもしれませんが、この穴のおかげで気道がきちんと確保されているのです。気道が狭くて、いつも苦しい呼吸をしなければならないことに比べたら、気管切開は本人にとってはずっと楽なことです。鼻や口にチューブがあるよりも煩わしくなくなり、食事も摂りやすくなります。

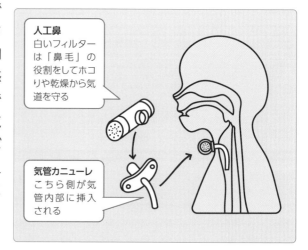

人工鼻
白いフィルターは「鼻毛」の役割をしてホコリや乾燥から気道を守る

気管カニューレ
こちら側が気管内部に挿入される

②気管切開をしているこどもの日常

　私たちの鼻には"鼻毛"が生えていて、外からの異物が気道に入らないようにしたり、吸い込んだ空気に湿り気を与えたりして、気道を守っています。気管切開をしている人が用いている「人工鼻」は、鼻毛のかわりに空気の加温・加湿を行ったり、気道へ異物が入らないようにしたりする器具です。使用中に分泌物等で人工鼻のフィルターが汚れたり、湿ったりした場合は人工鼻の機能が低下し、本人が息苦しくなる原因ともなるので、速やかに新しい物に交換しましょう。

　気管切開をしていてもシャワーやお風呂、水遊びはできます。ただ、気管孔から水やお湯が入ると危険です。お風呂や日頃のカニューレのケアは必ず看護師や保護者が行います。毎日、首の周りや気管孔を清潔にして、カニューレを固定する首紐は交換します。カニューレは定期

的に（医師の指示による）交換します。

③トラブル予防とトラブル時の対応

　体位変換や移乗、人工呼吸器の回路（ホース）による引っ張り、本人の動きでカニューレが抜けてしまうことがあります。カニューレがきちんと入っているか、首紐による固定がしっかりできているか、人工呼吸器の回路に引っ張られていないか、気をつけておきましょう。

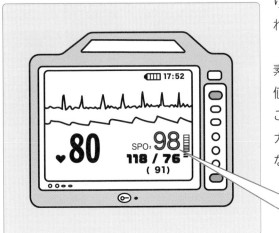

　パルスオキシメーターで測る SpO_2（血中酸素濃度。サチュレーションとも言います）の数値が低下したときは、カニューレが抜けていることもあります。カニューレが抜けたときや、カニューレが抜けていないのに呼吸が苦しそうなときは、必ず看護師に対応をしてもらいます。

モニター画面の一例。SpO_2 は 100 点満点で、標準的には 97 〜 99 くらい。

2.　胃ろう―お腹に造る「もう一つの口」

①食べるという作業

　食べ物を目で見て、においを楽しんで、口を開けて、パクリ。食べ物が大きいときは前歯で噛んで一口サイズにして、あごを動かしてよく噛みます。唾液が出てきて食べ物はドロドロになりますね。舌が口の中を上下左右に動いて食べ物の塊を飲み込みやすく整え、上あごの奥に押し付け、ごっくんと飲みこみます。この時、のどは一瞬、気管への入り口の蓋を閉めることで、食べ物は間違いなく食道へ、さらに胃に流れていきます。

　このように、食べるためには、唇、歯、ほほの筋肉、舌、あご、硬口蓋が協力して、順序よく動くように命令を出す脳とそれを伝える神経の働きが必要です。このどこかにうまく動かない部分があると上手に「咀嚼・嚥下」を行うことができません。

　咀嚼、嚥下を行うのに必要な力は、赤ちゃん時代からの運動と発育発達とともに育つものです。赤ちゃんが生まれてすぐにおっぱいを飲めるのは「吸てつ反射」と呼ばれる原始反射のおかげです。吸てつ反射によっておっぱいを自分の口で飲み、ほほや舌を動かし、硬口蓋を閉じて「ごっくん」する、という力をこの段階でつけなければ、こどもは自分の口の「使い方」がわかりません。生まれつき筋力が弱いこどもや、赤ちゃん時代に十分な運動ができなかったこどもは、咀嚼、嚥下の力が十分に育ちきれていません。また、口の中の感覚が過敏なこどもや、多様な食べ物に対するアレルギーがあるこどもも同様で、「食べる力」を育てることが難しくなります。

②胃ろうは「もう一つの口」

　「食べる力」が未熟なこども達のために「もぐもぐ、ごっくん」という数十秒の体の働きを「バイパス」して、どろどろにした食べ物や栄養剤を胃に直接注入するために造られた「もう一つの口」、それが胃ろうです。胃ろうは、口から栄養や水分を取ることが上手にできない場合に、お腹に直接、胃に通じる小さな穴をあけ、ここに細いチューブを通して栄養剤や食べ物、薬を注入するものです。

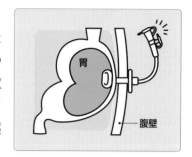

　胃ろうのチューブは服の下にかくれるので、普段は外からは見えません。レストランで胃ろうのお客様には食事をミキサーにかけて半固形食にして出してくれたり、テーブルで家族がミキサーにかけて半固形食にする際に必要なブレンダーを貸してくれたり、といった配慮をしてくれる店も増えてきました。

　高齢者の胃ろうは食べられなくなった人のためのものですが、こどもの胃ろうは、しっかり栄養をとって体を育てるための、「攻め」のデバイスです。

③半固形食短時間摂取法

　口から少し食べられる子の場合でも、胃ろうからの注入で必要な栄養をしっかり摂り、口からの食事はマイペースにゆっくり楽しむというケースもあります。胃ろうならば、鼻から入れた細いチューブ（経鼻経管栄養）では通らないミキサー食を入れることもでき、最近は家族と同じ食事をミキサーにかけて注入する「半固形食短時間摂取法」も広がってきています。

　また、胃ろうは、主に食事や栄養剤を胃の中に入れるために使いますが、胃の中にたまったガスを抜くため、いわば「ゲップ」をするためにも使えます。必要がなくなれば穴を閉じることもできます。

④注入

　胃ろうからの注入は、医療的ケアなので、基本的には看護師が行います。

　注入の際は、逆流や嘔吐を防ぐためにお子さんに合った体位に整えます。体幹を支えられないこどもの場合は、注入中に姿勢が崩れないように、クッションなどで支えます。注入のスピードはその子に適した速さにしましょう。主治医の指示を的確に実施します。

家族と同じ食事をミキサーにかけてドロドロにして注入します

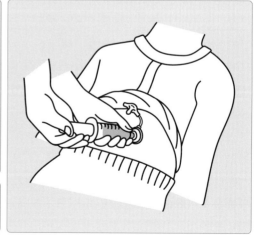

⑤注入前後の観察

　栄養剤注入中には、胃の中のものが食道に逆流したり、嘔吐したりすることがあります。逆流したものが気管に流れ込むととても危険です。食中や食後に吐いたり、吐きそうな様子が見られるとき、注入したものが口や鼻から流れ出ているとき、呼吸が荒くなったり、咳き込んだりする状況が続くとき、SpO₂が急に低下したときは、すぐに注入を止めて、看護師を呼びます。注入を止めても呼吸が苦しそうだったり、咳込みが続いたりして、回復しないときには直ちに救急車を要請するべきです。

　注入は、胃ろうからの「食事」であり、「水分補給」です。口から食べる食事と同様に、姿勢や「いただきます」の声かけ等のマナーも大切にしましょう。食物の香りや形を楽しめるように、ミキサーにかける前の食事を見せたり、匂いをかがせたりして、食事を楽しむ経験を積むのもよい支援です。「今日は、サバの味噌煮込みだね。お味噌のいい匂い」とか「デザートはイチゴとヨーグルトだよ。赤いイチゴをヨーグルトに混ぜて、ピンク色のミキサー食にして食べましょう」と言って、目の前でミキサーにかけて見せる、といった支援で、食育を充実させましょう。

3. 自己導尿―きちんと排尿して健康とプライドを守る

①おしっこが出るしくみ

　おしっこは、腎臓で血液の中から老廃物をろ過してつくられて、膀胱にたまります。おしっこはある程度の量になるまで膀胱にためられ（蓄尿）、その刺激が"尿意"として大脳に伝えられ、大脳からは、排尿してよいタイミングまで「おしっこを我慢しろ」という命令が出されます。今なら出してもいい、というタイミングで「おしっこを出せ」という命令が膀胱に伝えられ、おしっこは膀胱から押し出されて尿道を通り、体の外に排泄されます（排尿）。尿意を我慢する機能が未熟なこどもは、膀胱におしっこがたまった刺激だけで排尿してしまいます。

　おしっこのたまり具合＝膀胱のふくらみ具合や、脳からの命令は、脊髄の神経を通って伝わります。しかし、この神経が損傷したり、機能できなかったりすると、この情報のやり取りができなくなります。神経の情報伝達機能が弱いと、排尿のコントロールができなくて、おしっこが漏れてしまったり、おしっこがたまっているのに出せなくなったりします。

②管を使って尿を出す導尿

　おしっこが上手に出せないと、体の中にいらないものや悪いものがたまってしまいます。膀胱にいっぱい尿がたまっていても出せなかったら、腎臓に尿が逆流してしまったり、膀胱の中で細菌が増殖したりして、大変危険です。神経に不具合があって、膀胱と脳がうまくやり取りをすることができなければ、おしっこを我慢したり出したりすることがうまくできません。また、膀胱の入り口を閉めておく筋肉の力がないときもおしっこはダラダラと漏れてしまいます。

　そこで、おしっこの通り道である「尿道」から膀胱に細い管を入れて、たまった尿を体外に出す「導尿」を行うと、健康と生活を守ることができます。神経がうまく機能しないことで大

脳とのサインや命令のやり取りが困難な「神経因性膀胱」があるこどもでは、一定の時間ごとに、または必要時に、尿道からカテーテルという管を入れて尿道にたまった尿を出す間欠導尿というケアを行うことがあります。

③導尿の目的

　導尿の目的は3つあります。まず、1つ目は尿漏れを防ぐ、ということです。2つ目は尿の汚染を防ぐ、ということ。長時間尿を出さずにいると、膀胱にたまるのは尿だけではありません。細菌も膀胱の中で増殖し、尿が汚染されます。細菌が増えた尿は膀胱をいためたり、逆流して腎臓をいためたりします。3つ目は腎臓を守る、ということです。決まった時間に導尿を行うということは、細菌の増殖を防ぎ、腎臓を守る、という目的もあるのです。

　導尿の計画は、「一日○回、（昼間○時間ごと、夜間○時間ごと）」といった形で主治医から指示があります。導尿時間を守り、尿の濁りや量など、指示されたチェックポイントをきちんと観察しましょう。

④導尿のための環境

　自己導尿に必要なのは清潔、簡便さ、プライバシー保護、です。そのための環境を整えることが大切です。トイレは広く、石鹸手洗いができる水道と、着替えができるスペースがあり、温水洗浄器付き便座があることが望ましいでしょう。また、使用後のカテーテルは、医療廃棄物です。事業所から自宅にいったん持ち帰ってもらい、適切に処理してもらうようにしましょう。

⑤自律・自立への支援

　排尿というデリケートなことについてのケアなので、成長するにしたがって、「他人と違う排尿方法」であることで、こどもが自分の体にマイナスイメージをもつことも起きるでしょう。周りのこどもの目が気になるのも当然のことです。「変なの〜！」と一度言われてしまうと、その子は自分自身を否定する方向に気持ちが傾いてしまうおそれがあります。それは避けなければなりません。

　自分で自分の「ケア」と「管理」ができることは、自立のために必要で、かつ、素晴らしいことです。支援者が、こども自身の自己導尿への挑戦を大切に支援することで、こども自身も自分の体を自分で守り、尊重できるようになります。

　まず、おしっこは「汚い」ものではなく、自分の体から出て健康の度合いを教えてくれるものであることを理解し、看護職や支援者と一緒に「元気かな？」と観察するところから始めましょう。体調の変化は尿にあらわれます。

●チェックポイントの例　➡　●色が濃い　●にごっている　●においが強い　●量が少ない

　チェックのポイントも主治医から指示をもらい、こどもが自分で自分のおしっこを観察できるように支援します。おしっこは自分の体から出た「要らないもの」なので、きちんとおしっこを作れることは要らないものをきちんと出せているということ。おしっこを作って出せる自分の体を自分でほめてあげるよう、こどもに伝えましょう。また、時計を読めるようになった

ら、大人が一方的にトイレに連れて行くのではなく、自分で時計を見て「あ、導尿の時間だね」と主体的に動けるように指導していきます。それが大切な自分の体を守ることにつながります。

　導尿だけに限らないことですが、一日の中で何度も繰り返される医療的ケアは、その方法やタイミング、声かけなどが家庭と学校、事業所で違ったものになってしまうと、こどもは心身ともに混乱します。保護者や学校の養護教諭、医療的ケア看護職員（＝学校の看護師）とこまめに連絡を取り合って、観察のポイントやケアの手技が一致するように心がけてください。

4. そのほかの医療的ケア

酸素吸入：呼吸の力が弱かったり、肺の機能が落ちていたりするときに鼻に通したチューブで酸素を注入します。酸素は引火しやすいので火気厳禁です。投与量やタイミングは医師の指示に従います。

人工呼吸器：肺を膨らませて空気を取り込み、肺に張り巡らされている血管に酸素を取り込み、肺を収縮させて二酸化炭素を吐き出す、という呼吸運動が上手にできない＝換気不全の場合に呼吸を手助けするものです。人工呼吸器を使っている人の中には、自発呼吸はあるけれど十分な換気ができない人や、夜間だけ、もしくは睡眠中だけ人工呼吸器が必要という人もいます。マスクタイプの人工呼吸器もありますし、気管切開をしてカニューレにつなぐ人工呼吸器もあります。空気の加温・加湿のために人工呼吸器の回路（ホース）の途中に「お釜」がついていて、水を入れて体温程度の温度になるように温めるようにしていることが多いです。したがって回路の中は湿度が高く、周りの気温が低いと回路の中が結露してしまいます。結露で生じた水が気管に流れ込むと危険です。保護者や看護師などに伝えて、回路内の水を払ってお釜に戻すようにします。

吸引：気道に入ったホコリや、肺の中にたまった分泌物は、くしゃみをしたり咳をしたりして、体の外に排出します。しかし、呼吸の力が十分でない人はくしゃみや咳をすることができないので、ホコリや痰、余分な水分が気道から肺の中にたまってしまいます。肺や気道をきれいに保つためには、気管やのど、鼻などにチューブを挿入して痰を吸い出す作業＝吸引をする必要があります。気管切開をしている場合は、カニューレからもチューブを入れて痰の吸引をします。吸引時は、一時的にではありますが、痰とともに空気も吸い出してしまうので、吸引される本人は苦しくなります。そのため、短い時間で終えるようにします。また、気道にチューブを挿入するので清潔に操作しなければなりません。

　のど・鼻腔の吸引も口や鼻にチューブを挿入して唾液や鼻水を吸い出す吸引も同様の作業です。鼻や口の奥にチューブを入れるので、それが刺激になって嘔吐してしまうこともあります。嘔吐したものを誤嚥すると危険なので注意が必要です。

中心静脈栄養：胃や腸を休ませるため、あるいは胃や腸の機能が低下していて栄養の消化吸収が困難な場合に、心臓の近くの太い静脈にカテーテルを挿入して高カロリー輸液を投与します。多くの場合は、常時、機器を背負っている状態になりますが、カテーテルを挿入しているところから血管に細菌などが入らないように、中心静脈栄養の機器が入ったバッグを開けたり衝撃を加えたりすることがないようにします。

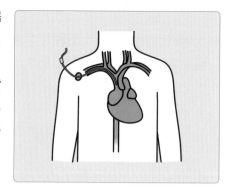

人工肛門：排便の機能が不十分な場合には、手術でおなかに人工肛門を造設します。人工肛門にはストーマパウチという袋をつけて、その中に排泄物がたまるようになっています。排泄物はトイレで処理します。パウチ部分を衣服で締め付けないように気をつけます。また、袋が破損したりパウチの処理がうまくいかないと、排泄物そのものや匂いが漏れてしまい、周囲が困り、本人もとても辛い思いをします。破損しないようにカバーを付けることもあります。

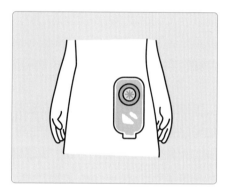

③ てんかんについて知ろう

てんかんは「てんかん発作が慢性的に起きる」脳の病気です。100人に約1人の割合でみられるごくありふれた病気です。てんかん発作は多彩な症状がありますが、「突然泡を吹いて倒れてけいれんする病気」という誤ったイメージが流布しています。一人ひとりのてんかん発作の特徴を知り、主治医と連携して、適切な支援に結び付けてください。

1.「発作」はどんなものか

私たちの体の全ての細胞では、電気的活動が行われています。てんかん発作は、脳内の電気信号に乱れが生じ、神経細胞が異常に興奮することで起こります。その症状は、周囲には気づかれないほど軽く瞬間的なものから、一時的に意識がなくなり倒れるものまで様々です。発作の種類を次ページの表7-2にまとめますが、発作の種類を覚える必要はありません。「てんかんにはいろいろな発作がある」ということを理解しておきましょう。

表 7-2 ● てんかん発作のいろいろ

全般発作	部分発作	
脳の大部分が興奮して起こる	**単純部分発作**：意識がある	**複雑部分発作**：意識が遠のく。本人は覚えていない
・倒れて硬直やけいれんを起こす（強直間代発作） ・ぼんやりする（欠神発作） ・全身や手足が一瞬ピクッとする（ミオクロニー発作） ・全身の力が抜け倒れる・尻もちをつく（脱力発作）	・**運動機能の症状**：手足や顔のつっぱり、けいれん、身体が勝手に動くなど ・**感覚器の症状**：光が見える、音が聞こえる、匂い、しびれなど ・**自律神経の症状**：動悸、呼吸数の変化、寒気、頭痛、発汗、発熱など ・**記憶や感情の症状**：既視感（デジャヴ）、奇妙な考えをもつなど	・**異常な感覚後の意識障がい**：妙なにおいや味を感じる単純部分発作の後、意識を失う ・**自動症**：口をもぐもぐしたり、手をもぞもぞ動かしたりする

2. 発作が起きたときの対応

　発作が起きたときに大切なことは、落ち着いて対応することです。ほとんどの発作は、たいてい短時間で終わります。様子をよく観察して、安全を確保しましょう。倒れたときや動いたときにけがをすることがないよう、とがったものや熱いものを遠ざけ、危ない方向に行こうとしたら、後ろから腰や肩を支えて、安全な方に導きます。

　あらかじめ本人や保護者の同意を得たうえで、発作時の様子をスマートフォン等を使って動画を撮っておくと、後で主治医へ報告するときや、本人が自分の発作の様子を知るためにも役立ちます。

　発作が治まると、眠ってしまうことがよくありますが、その場合はそのまま寝かせます。まれに、再び発作が起こることがあるので、観察は続けます。

> **！ 重 要 事 項**
>
> **●てんかん、こんな対応は ×**
>
> ▶口の中にものを入れる　➡　けがや窒息につながる
> ▶身体をゆする・押さえつける・大声で声をかける　➡　発作は外部からの刺激では治まりません
> ▶発作直後の意識がぼんやりしているときに水や薬を飲ませる　➡　窒息や嘔吐を起こすことも
> ※プールや入浴中に発作が起きた場合は呼吸の確保が最優先です。鼻と口が水面から出るように頭部を支えます。水から引き上げるのは発作が治まってからでよいです。

※食事中に発作が起きても、食べ物がのどに詰まることはほぼないので、無理に口の中のものを出そうとする必要はありません。けがややけどを防ぐため、箸やナイフなどのとがったもの、熱いものを遠ざけましょう。

●**救急車を呼ぶのはこんな時**

▶通常、ほとんどの発作は救急の医療措置は必要ありません。しかし、今までに発作を起こしたことがない場合や、発作が5〜10分以上続く場合、けがや出血がひどい場合は、救急車を呼びます。

▶大きなけがや、吐き気、頭痛、長時間続くだるさがある場合は、医療機関の受診が必要です。頭を打ったときは様子を見て、回復が遅かったり、いったん回復したのに再度もうろうとしたりする場合は医療機関へ。

3. てんかんのあるこどもの支援に必要なこと

①その子の発作の特徴を知る

あらかじめ保護者や主治医に、どんな時に、どんな発作が起こりやすいのか確認しておきましょう。そのうえで、緊急時の対応は、「緊急時対応マニュアル」として明記し、事業所の支援者みんなで共有しておきましょう。これがこどもだけでなく事業所をも守ります。

②規則正しい生活を構築する

睡眠不足やストレス、疲労、薬の飲み忘れはてんかん発作を起こりやすくします。保護者や主治医、かかりつけの薬剤師に確認して、どんな薬を、何のために飲んでいるのか、どのタイミングで用いるかを支援者みんなが知っておくことも大切です。

③そばで「見守る」

日常生活では、基本的に、てんかんのある子もそうでない子と同様に活動し社会参加することができます。

④本人が「自分のてんかん」を知る支援

発作を起こしたとき、本人は恥ずかしいと感じたり、周囲に迷惑をかけたと感じ傷ついたりしやすいので、周囲の大人がてんかん発作を特別視せず、冷静な態度で対応することが大切です。成長と共に、"自分のてんかん"について知りたい、という思いが出てきたら、主治医と協力しててんかんの理解とコントロールを支援しましょう。薬をきちんと飲み、十分な睡眠や食事をとる、といった生活の自律と健康管理を、本人を中心に共に作り上げていきます。同時に、他のこども達やその保護者がてんかんのある仲間への理解と配慮ができるように、正しい知識をわかりやすく提供する工夫も続けます。

4. 就労に向けて

就労に向けて大切なのは「てんかんを含め自分の心身をよくわかって、健康管理できる」ということです。

車や重機の運転、高所作業等はリスクがありますが、薬が奏効して、2年以上発作を起こしていないなら、特別な心配や配慮の必要はない、とも言われます。発作の制御ができ、病気の申告を正しく行うことで車の運転免許を取得することも可能です。どんな時に発作が起きやすいか、発作を防ぎ、乗り越えるためにどんな支援が必要か、就労支援者や就労先に適切に伝え、支援が途切れないようにしましょう。

④ 自分の体と向き合うとき−思春期の支援

①思春期のこどもの心と大人の役割

思春期には、障がいや医療的ケアの有無にかかわらず、自分の個性を疎ましく思うものです。医療的ケアが必要ならなおさらに、自分の体の特性を疎ましく思いがちです。「どうしてこんな体に生まれてしまったんだろう」「自分の体が嫌い」といったことばや、学校に行きたがらない、自分の体や大切にしていたものをわざとぞんざいに扱う…といったこどもの様子を見ると、保護者はもちろん、支援者も、その子が何に怒り、なぜカベにぶつかっているのかわからなくて驚きます。でも、このカベこそが、自分で乗り越えなければならない「自己形成」のカベです。

アイデンティティを確立する時期である思春期には、「自分とは何者なのか」という問いを自分自身にぶつけ、自分らしさや自分の生き方を考え、模索し、自分で見つけていきます。この時期、こども達は、「なりたい自分」と「なれる自分」の違いに気づき、それに腹を立ててもがき、「どうして自分はこうなんだろう」と自分を丸ごと嫌いになったり、周りの友達がずっと優れているように思えて落ち込んだりします。苦しい気持ちの矛先を親に向けることもあります。親はもちろん、支えてきた大人はみんな辛くなり、厳しいことばをこどもに返してしまうこともあるでしょう。

でも、ここで揺らいではいけません。

こうしたカベにぶつかってもがくのは、こどもが自分を客観視するようになったことの現れです。

思春期のカベを越えようとしているこどもに対して、大人ができることは、ただ見守ることだけです。こどもが自分で自分を掘り下げ、「自分とはこれだ」と言えるものを見つける作業に、親も支援者も手を出すことはできません。こどもが自分自身でやり遂げなければならない心の

大仕事だからです。

　今は辛い時なのだ、と理解して、辛いけれど口出しや指図は控えて、目をそらすことなく見守ることです。そして、その子のことをどんなに大切に思っているかを伝えることです。ことばだけではなく、丁寧なケアをし、居心地のいい場所を作り、おいしい食事を用意し、清潔でさっぱりとした衣服を整えてやって、「おはよう」「いってらっしゃい」「お帰り」「ありがとう」という挨拶を、笑顔とともに届けます。たとえその時には「うるせー」「うざっ」という返事しか返ってこなくても。ことばで、態度で、「あなたは大切な存在」であることを伝え続けるしかありません。

　この局面には、医療でも福祉でもなく、教育の力が必要です。医療者や福祉職は、人の辛さを見つけたら取り除いてあげたい、と思いますし、「ほっとけない」とばかりに行動します。しかし、教育者の目には、その子の成長や可能性が見えています。こどもが自分の内面でたたかう時期が来たら、学校の先生の力を借り、しっかり協働しましょう。学校での様子を聞き、学校ではどのような対応をしているのか、共有しましょう。もちろん保護者ともこれまで以上に情報を共有し、周りの大人が足並みをそろえ、近すぎず、遠すぎないように、こどもとの距離を取ります。

　この時期の学校の友達との関係は非常に重要です。周りの友達から「違う」ことを理由に責められたり排除されたりして傷つく体験を重ねてしまうと、自分の人生をも否定しかねません。体の特性や症状、必要なケアについて、正しく伝える必要があるのはこの時期かと思われます。保護者や本人ともしっかり相談して、看護職や医師の力を借りて、ただの「カミングアウト」ではない説明をして、周囲のこども達の理解を促すという環境整備も支援の一つです。

　周囲のこども達に説明をする、ということはその保護者たちにもその情報を開示することに等しいのです。自分のこどもの疾患や障がいを地域に開示する保護者の辛さも理解したいものです。

　育つ力、理解して語る力は、本人だけではなく周囲のこども達も同じようにもっています。こども達の「共に育つ」力を信じて、「いろんな子がいるなあ、自分もその"いろんな"の中の一人なんだ」とこども達がそれぞれに多様性を受け入れたら、それがインクルーシブ教育です。自分と他者の違いを受け入れ、認め合うまでのこの時期を抜けたら、新しい親子の関係、友人関係を築けることを信じていくしかありません。

②自立・自律の時期

　親子ともども辛い、そして支援者も辛い思春期の「自分探し」は、前触れなく終わります。

　これまでケアしてもらい、支えてもらうだけの存在だったこども達は、この時を境に、自分で自分をケアしたり、自分の課題を客観視して、自分で何とかしようと努力するようになります。こどもを中心としてきた支援の輪が、課題中心に変わるときが来たのです（図7-2）。課題解決を目指すチームの中で、こども本人が主体的に役割を果たすようになります。こどもは、自分の課題に対して「自分はこうしたい」と意思を表明して、「そのために周囲の人にはこん

な手助けをしてほしい」ということを言えるようになります。こどもが、自分の人生を自分で生きようとし始める…「自立」「自律」の時が来たのです。

　自律的な自立は、自分で何でもできるようになることではなく、自分の目標達成や課題解決のために、自分でできることをやり、そのうえで他人の力を借りることをいとわない、他人に「お願いします」「ありがとう」を言えるようになることです。幼いころから周りの人たちの手を借りて育ち、それを当たり前のこととしてきたこども達が、他人の力や知恵、手を借りるために頭を下げ、感謝を伝える。障がいがあってもなくても社会の一員として欠くことのできない、この「助けを求める」力を備えるには、「自分とは何か」「自分が望むように生きるには何が必要か」、そして「自分にはできないことがある」ということを自覚し、受け入れていく、思春期の疾風怒濤の時期が欠かせません。十代のこども達の荒々しい言動にぶつかったら、支援者も保護者も、時として傷つきつつ、「ああ、この子は今乗り越えようとしてるなあ」「手を放す時期も近いのだ」と考え、受け止めて、支え合っていくしかないと思います。

図7-2●本人中心から課題中心へ：本人も自分の課題に向き合う

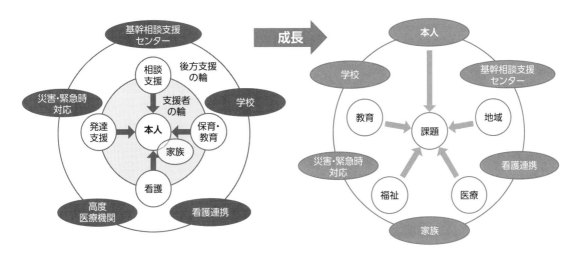

⑤ 自分のトリセツを語れるように─自立のために

1. 自立とは何だろう

　「自立」＝イコール「就労」ではありません。重い障がいをもつこどもを見ていると、この子は働けないから自立できないと思い、ずっと周囲が支えていかねばならない、と思いこんでしまうこともありますが、働けなくても自立はできます。

自分の体や心の特性をよく知り理解し、自分でそれを受け入れて「自分はこういう人間です」という説明を他人にして、「だから○○の手助けが必要です。お願いします」と言えるようになること、それも自立ではないでしょうか。自分の居場所で合理的配慮を受ける、つまり自分が生きやすいように必要な支援を得るためには、自ら説明するのがいちばんです。主治医からの医療情報を提供して、支援者が作ったアセスメントシートを示して、支援者が思いやりや忖度、工夫をしてくれることを期待しているだけでは、「今」「ここで」「自分にとって」必要な支援を受けることは難しいでしょう。

　たとえことばを発することができなくても、なんらかの方法で自ら語る「自分のトリセツ（取り扱い説明書）」は「合理的配慮」の一つの指針となります。

2. 合理的配慮

　「障害を理由とする差別の解消の推進に関する法律」（障害者差別解消法）により、行政機関や学校、企業などの事業者に、①障害を理由とする不当な差別的取り扱い禁止と、②合理的配慮の提供義務が課せられています。また、障害者権利条約第2条には、「「合理的配慮」とは、障害者が他の者との平等を基盤として全ての人権及び基本的自由を享有し、又は行使することを確保するための必要かつ適当な変更及び調整であって、特定の場合において必要とされるものであり、かつ、均衡を失した又は過度の負担を課さないもの」と明記されています。

　職場や学校だけではなく社会全体において、体の不自由さや感じ方・考え方の違い、使うことばの違い（日本語か外国語か、というだけではなく、言語コミュニケーションが難しい人の意思表示の方法も含めて）、行動特性、得意・不得意、体の大きさ、力の強さあるいは弱さなど、多様な個性をもつ人が、同じ時に同じ場所で過ごしています。互いに理解し合い、ときに譲り合い、許し合って共に居心地よくすごし、みなが活躍できるように、周りの環境を整えたり、サポートしたりすること、それが合理的配慮です。

3. 自分のトリセツ

　自分の体の特性や、感じ方や行動の特性、できること、できないこと、やりたいけれどできないこと。自立に向けて、これらを認識して、自分のことばで表現することが、必要になってきます。

　自分のトリセツは、医療的ケアが必要なこども（大人になってからも同じ）、心疾患やてんかん、慢性疾患などの医療的な知見をもって支援することが必要なこども（これまた大人になってからも同じ）にとってもとても大切です。とくに、先天性心疾患があり、乳幼児期から手術を繰り返してきたようなこどもは、小学校3、4年生になると自分で自分の心臓の絵を描いて他人に説明する練習を始めます。生まれたときの心臓の構造や、手術で変更を加えたところ、

血液の流れや、生活上の留意点など、通常の人とは異なるところについて詳細な絵を描きます。ことばで説明しても伝わりにくいけれど大切な心臓のことなので、周りの人が理解したうえで配慮をできるように、自分の心臓を自分で描き、説明するようになることを、自立のために欠かせないステップとして指導されています。

もちろん、保育園や幼稚園、学校で、やっていいこと、ゆっくりならできること、できないことを医師がきちんと示すことも重要です。日本学校保健会が整備している「学校生活管理指導表」（章末の【参考資料】参照）には、その子の体の特性に応じて、学校での様々な活動についてできることできないこと、ゆっくりならできることを、主治医により明示してもらえるようになっています。アレルギーや心疾患、腎疾患について、就学前、小学校、中学校・高校と、年代ごとの学校生活の内容に応じたものが用意されています。

⑥ 性について

事例 ▶ 7-1 「他人の体」に触れるルールをどう教えるか

エイコさんは放課後等デイサービスで働く20代の女性です。プール学習の開始が待ち遠しい6月、いつものように小学校にこども達をお迎えに行くと、特別支援学級の担任のフジイ先生が難しい表情で近寄ってきました。

「タクヤ君が…胸を触りに来たんです…。」

フジイ先生もエイコさんと同年代の若い女性です。タクヤ君は5年生で、自閉スペクトラム症と言われています。体も大きいので、急に触れられてきっといやな思いをしたのでしょう。

どうやら「事件」はほんの30分ほど前の帰りの会で起きたようです。明日の予定をボードを持って説明していたら、タクヤ君がつかつかと近寄ってきて、左の胸を覆うように手のひらを押し付けてきた、というのです。フジイ先生はびっくりしてタクヤ君の手を振り払ってしまいました。

フジイ先生の服装はいつもと変わらない紺色の無地のポロシャツです。冷房のない学校で過ごすので、首にタオルを巻いています。発達に特性があるこども達の中には、教員や支援者の服の模様が気になってしまうという子も多いので、フジイ先生もエイコさんも仕事で着る服は常に無地の刺激の少ないものにしています。ポロシャツの左胸には、ボールで遊ぶ小さな猫がワンポイント刺しゅうになっています。猫が手を伸ばしているボールはキラキラ光る小さなビジューです。

「キラキラが、目に入って気になったのかもしれないですよ」

エイコさんの一言にフジイ先生ははっとひらめいたような顔で言いました。

「そういえば、あの子 "やめてください" って言いながらここ触った！やめてくれ、はこっちのセリフだよ、と思っちゃったけど…タクヤ君、胸を触ったんじゃなくて、このキラキラが目に刺さるように感じて、ビジューをかくそうとしたのか！」

タクヤ君のしたことの理由が想像できて、「こんな小さなビジューでもダメかぁ〜」と二人で納得しながらも、人の体に無遠慮に触れてしまうという行為はやはり何とかしなければ、と思います。悪気なく近寄りすぎてしまい、クラスメイトの女子にいやがられる男子児童、中学生になっても男女構わず手をつなごうとして男子に誤解されてしまう女子生徒もいます。

「体のこととか性のこと、どうやって指導していけばいいんでしょう？」

人との距離の取り方、勝手に触れてはいけない人の体、触れさせたり見せたりしてはいけない自分の体。障がいのあるこども達にも、心身の変化や人への気持ちの伝え方などを学ぶ「性教育」は必要なのに、型どおりにできるものではないから一人ひとり手さぐりしていくしかない…とエイコさんも思います。

---

1. 心身の変化

思春期が自己確立の時期であることは前述の通りです。自分で思う自分のイメージと、自分の現実の姿との違いを自覚して折り合いをつけていく時期である思春期、体は急激に変化します。乳房の発達、丸みを帯びた体つきになる、初経（初めての月経）が来る。あるいは筋肉質になり、陰毛が生え、声変わりをして体臭も変化する。これらの自分の身に起こる変化についていけないこども達は、「これは自分の体ではない」と違和感や嫌悪感を感じることもあるかもしれません。発達障がいや知的障がいがあるこどもの中には、突然の変化が苦手な子や、感覚過敏のため月経に嫌悪感を抱く子、それらの違和感をうまく表現できずに大きなストレスを感じてしまう子もいるでしょう。

とくに月経は、障がいのあるなしにかかわらず、女子にとって大きな変化です。喜ばしい出来事である反面、毎月の出血による体への負担、経血の処置、下着や衣服を汚してしまったときの処理、生理痛、陰部の不快感など、感覚が過敏な場合にはとくに大きなストレスにもなります。男子にとっての精通も本人にとっては驚きであり、出てしまった体液の処置は不快な作業でしかないでしょう。

「突然」の変化が、よりショックやストレスを増強するのであれば、かなり前もって「予告」してイメージできるようにしておくことが有効かもしれません。女子が10歳になったら、学校や保護者の方と相談して、協力して月経の話をしましょう。体の中で赤ちゃんを産む準備が整ったこと。それはとても喜ばしいことであることを伝え、具体的な対処法を伝えつつ、ナプキンを入れるポーチを一緒に選んだり作ったりして準備しておきましょう。楽しみとして変化

を待ち受けるようにしてあげられたら、ショックやストレスを減らしてあげられるでしょう。

　男子の体の変化についても同様です。自分を「変態」だと本気で思ってしまい、自分の健康な性欲をゆがんだものとみなしてしまうことを防ぐためにも、成長すると「その時」が来ること、それが「大人になる」ということだと早いうちから少しずつ語っておくことも大切な支援です。

　性のことは『生きる』ことに直結します。心や体の変化は「いやらしくなること」ではなく、大人になることです。保護者にとっても、支援する大人にとっても「よくここまで育ってくれた」と思える、うれしいことであるはずです。もちろん、大人自身が性的に「いやらしく」「ゆがんだ」考えをもっていてはこどもに健やかな性、いのちにつながる性の喜びを語れません。こどもが自分の心身の変化を肯定的に受け止めることができるように、私たち周りの大人みんなが性についてこどもと共に学ぶことも必要です。性教育、性に関わる発達支援については、保護者と学校と、しっかり連携して、「大人の言っていること」がずれたりゆがんだりしないようにして進めていきましょう。

2. 人との距離の取り方

　知的障がい者の多くは相手の気持ちを考えたり、自分の気持ちをうまく表現したりすることが苦手です。また、自分の言動が相手にどのように映っているのかを想像することが苦手で、他人との適切な距離の取り方もよくわかりません。そのため無防備に近づいて、勘違いした異性から性的な被害に遭ったり、不審者だと誤解されたりすることがあります。ことばによるコミュニケーションが苦手で、相手が怒っても、なぜそれがいけないことなのか理解できないために、うまく解決することが難しいのです。

　とくに異性の体には許可なく触れてはいけないことを伝え、「人との距離はお互いに腕一本分あける」等、具体的に指導しましょう。

①プライベートゾーン

　口と胸とパンツの中は、自分だけが触ってもいいところ＝プライベートゾーンです。そこはいのちに直結するところだからです。自分のプライベートゾーンも、他人のプライベートゾーンも「大切なところ」であることを、日々の支援の中で伝えましょう。自分のプライベートゾーンも汚い手で触ってはいけませんし、人に見せてもいけません。他人のプライベートゾーンも勝手に触ったり見たりしてはいけません。

　では、排泄や食事の際に介助が必要で、プライベートゾーンに他人である支援者が触れなければ生活が成り立たないこども達の場合はどうしたらよいのでしょうか。

　「勝手に」触られることがいけないので、必ず、その都度「お尻、持ち上げるよ。いいですか？」と声をかけ、許可を取ります。もちろん、「いや」という意思表示があれば、たとえトイレ介助であっても、おしっこが間に合わなくなりそうでも、触れてはいけません。「いや」な理由があるはずだからです。どうしてだめなのか、どうしたらいいのかをきちんと尋ねてください。

このことばかけを一つひとつ丁寧に行うことが、その子の尊厳を守ることにつながります。

　トイレ介助を行うたびに、一方的にパンツを下ろされ、お尻を拭かれてしまうと、こどもには「あなたはプライベートゾーンを他人に勝手に触られてもしょうがない」「あなたのプライベートゾーンは大切ではない」という無言のメッセージが伝わってしまいます。逆に、トイレに行くたびに声をかけてから、できるだけ肌に直接触れないようにして支援をすることで「あなたの体は大切な体」というメッセージが伝わります。自分を大切にされて育ったこどもは他人を大切にできる大人になります。

②パブリックとプライベート

　社会の一員として地域で生活していくためには「マナー」や「ルール」を守ることがとても大切です。

　パブリックな場所で性的なことばを発したり着替えたりすることがいけないこと、というマナー感覚は、発達障がいや知的障がいのあるこども達は身につけることが難しいものです。周りの様子を見て学ぶとか、察する、といったことが困難だからです。幼いうちは無邪気だねえ、と笑ってもらえますが、思春期をすぎ大人の体になってもパブリックとプライベートの「わきまえ」がないと、ルール違反、マナー違反になってしまいます。

　パブリックな場所では、裸になったり、着替えたり、プライベートゾーンを出したり、触ったりしてはいけません。口はもちろん見せてもいいのですが、口の中、とくにモノを食べているときの口の中は見せないようにしなければいけませんし、パブリックな場所で口に手を入れたり口の中を見せたり、というのはマナー違反でしょう。トイレの個室でズボンのチャックをあげてから出てくるのがマナーで、ズボンのベルトを緩めチャックを閉めながら出てくる、とか、個室から出てきてスカートをめくって中のブラウスを整えたりするのはやはり NG です。

　発達障がい、知的障がいがあるからルールを守れない、と障がいを「できないこと」の言い訳に使ってはいけません。支援者は、トイレの度に、着替えの都度に、「人前ではやりません」「人に見えないところで脱ぎましょう」と声をかけます。また、トイレや着替えの場所は『プライベートな場所』であるように、カーテンやドア、仕切りを用意して、こども達がパブリックとプライベートを体験的に区別できるように環境を整えます。

　性につながるルールを守ることは、自分と他人の尊厳を守るために非常に大切なポイントです。性は私たちに一生かかわることであり、いのちに直結するものです。地域社会で生きていく「社会人」としての自立する力をつけるためには、変化する体と心を大切にし、他人の体と心、社会のルールを守る力を身につけられるようにしてあげたいと思います。

【参考資料】
- 「学校生活管理指導表」については下記のサイトを参照してください。
  公益財団法人日本学校保健会のホームページより（2022 年 4 月 18 日確認）。
  https://www.hokenkai.or.jp/kanri/kanri_kanri.html
  アレルギー疾患用、幼稚園用、小学生用、中学・高校生用などの管理指導表の様式があり、学校等で児童生徒が可能な活動について情報共有することができます。

第 **8** 章

感染症対策、災害対策、救急対応
~安心安全のために~

　放課後等デイサービスは、学校と家庭の間にある放課後の居場所です。幅広い学年のこども達が一定の時間に次々にやってきます。学校で目いっぱいがんばってきたこども達は放課後等デイサービスにやってきた時点で疲れています。そのため、ケガにつながる事故も起きやすく、複数の学校から集まってくるので感染症の広がるリスクも高いことを認識しておかねばなりません。また、医療的ケアの必要なこどもや基礎疾患のあるこどもについては、医療的な配慮が必要ですので、日ごろの健康管理や緊急時の対応方法を事業所内で「見える化」して、誰でも適切に対応できるようにしておかなくてはなりません。

　2020年に始まった新型コロナウイルス感染症の拡大により、感染症がいのちや暮らしに深刻な影響を与えるものであることを痛感させられました。もちろん、気をつけなければならない感染症は新型コロナウイルスだけではありません。感染症の広がり方を理解して、基本的な個々人での感染予防対策と、事業所内の衛生管理を行いましょう。

　厚生労働省（以下、厚労省）の「障害福祉サービス施設・事業所職員のための感染対策マニュアル（通所系）」と「障害福祉サービス事業所等の新型コロナウイルス感染症発生時の業務継続ガイドライン」（174ページの「情報クリップ」参照）を活用しましょう。

1. 感染経路と対策

　細菌やウイルスなどの微生物は身近にあり、人体の中で共存しているものもたくさんあります。人間に悪さをする微生物＝病原体が体に入り込んで様々な症状を引き起こすのが「感染症」です。感染症は①病原体、②感染経路、③宿主（病原体が取りつく相手）の3つの要因が揃うことで感染します。病原体は目に見えませんので、どこにでもあるかもしれないということを意識して感染経路を断つことは感染症予防の重要な対策です。病原体が体に入るのには4つの経路があり、病原体によって経路や特性が異なります。

①経口感染、糞口感染

➡例　感染性胃腸炎（ロタウイルス、ノロウイルス）など

　経口感染は、病原体が付着した食べ物を生や十分に加熱しないで食べることで感染する経路です。多くは調理する人の手指についた病原体が食べ物についてしまい、それを食べることで感染します。また、ペットや感染者の糞便の片づけやトイレ介助などで病原体に触れてしまい、それが口から体内へ入る感染経路を糞口感染と呼びます。

➡対策　調理する人が健康であること、調理前、調理中のこまめな手洗いをすることは非常に重要です。また、食材の温度によっては付着した病原体が増殖するので、食材の温度管理や

十分な加熱が必要です。また、自身のトイレの後や他者のトイレ介助の後は手洗いを徹底し、石鹸を使ったもみ洗いを30秒以上してから流水で流すことを2回繰り返し、できればそのあとにアルコールで手指消毒します。特にノロウイルスが流行する時期にはトイレ介助の際にはビニール製のエプロンを使用し、介助が終わったら脱ぐ（できれば使い捨てにすると安心）などの対策をして、衣服に病原菌がつくことを防ぎます。

②接触感染

➡ 例 ノロウイルス、新型コロナウイルスなど

　感染者が触れたり、咳やくしゃみのしぶきがかかったものに触れて、手についたその病原体が目や鼻、口などの粘膜から体に侵入して感染症を引き起こします。

➡ 対策 手洗いが最も有効な対策です。正しい方法で手についた病原体を洗い流します。また、マスクをしていると鼻や口を不用意にさわってしまうことを防げるので、その意味でもマスクは有効です。

③飛沫感染

➡ 例 百日咳、風しん、インフルエンザ、おたふくかぜ、新型コロナウイルスなど

　感染者の咳やくしゃみには病原体がたくさん含まれています。咳やくしゃみ、会話をするときに生じるしぶき(飛沫)がほかの人の口や鼻に入り込むことで感染する経路です。咳やくしゃみのしぶきは半径2mの範囲に及ぶと言われています。感染者のすぐ近くにいなくても、気づかぬうちに感染してしまう可能性は十分にあります。

➡ 対策 感染を広げないためには、「咳エチケット」の徹底が大切です。感染の有無にかかわらず、くしゃみや咳をするときにはハンカチやひじの内側で口と鼻を覆います。手のひらで覆ってしまうと、病原体のついた手でどこかを触わることで病原体をあちこちにすりつけて歩くことになります。また、感染を防ぐためにはマスクは有効です（ただし、完全に防げるわけではありません）。

④空気感染（飛沫核感染）

➡ 例 麻疹（はしか）、水痘（水ぼうそう）、結核など

　感染者から排出された病原体を含むしぶき(飛沫)の水分が蒸発して、病原体だけが空気中を浮遊しています。それを吸い込むことで感染します。病原体は一定時間、空気中を漂い続けるため、同じ空間にいるだけで感染するリスクがあります。

➡ 対策 換気が有効です。1時間ごとに10分窓を開けるよりも、30分ごとに5分、あるいは常に空気が入れ替わるように空気の流れをつくることが有効です。

2. 手洗いの重要性

　正しい手洗いは支援者だけでなく、こども達にもしっかり身につけてもらいましょう。自分自身を守るためだけではなく、こどもの家族や周りの仲間を守ることにもつながります。石鹸

がなくても、15秒間流水で手を洗っただけで100万個の病原体を1万個に減らすことができるとされています（国立医薬品研究所ホームページ、厚労省ホームページなど）。数十秒の石鹸でのもみ洗いも、ぼんやりと泡を楽しむのではなく、指の間、指先やつめの中、親指の付け根、手首など、洗い残しが出やすいところを意識して洗います。

外から帰ったとき、食事の前、こどもの支援をする直前、鼻をかんだ後など、手に病原体が付着しそうなシチュエーションの後には必ず正しい手洗いを行いましょう。

アルコールによる手指消毒も、手洗いする水場がない時にはとくに有効です。アルコール（エタノール）は、病原体の細胞膜を壊し、穴をあけて病原体を"やっつける"ことができます。使用するアルコールの量は手のひらに受けると500円玉くらいの大きさになる量（3〜4ml程度）です。指先、手のひら全体、指の間、親指を反対の手でくるみ、絞り上げるようにして、手の甲や手首にもアルコールをしっかり刷り込みます。アルコールによる手指消毒は、アルコールが乾く過程で病原体を"やっつける"効果があるものです。手がアルコールでビショビショ、という状態では効果がありません。

なお、冬に流行することが多い感染性胃腸炎を引きおこすノロウイルスやロタウイルスは、アルコール手指消毒用剤の中には効果が弱いものもあります。リン酸を配合した酸性アルコール（エタノール）消毒剤であれば、ノロウイルス含め、幅広いウイルスに対しても高い効果を発揮することが報告されています（サラヤ株式会社ホームページより）。

3. 掃除─人の手が触れるところを丁寧に

接触感染を防ぐためにも、人の手が触れる機会が多いところをこまめに掃除し除菌します。たとえば、ドアノブ、照明等のスイッチ、テーブルの縁、椅子（とくに背もたれの上部、ひじ掛けの先端）、電話機（各自のスマートフォンも）、水道の蛇口、パソコンのキーボードやマウス、コピー機等のボタン、便器のふたや洗水レバー…などです。ホコリの掃除も大切ですが、人の手がたくさん触れているようなところこそ、消毒用アルコールや次亜塩素酸ナトリウム（市販されている塩素系漂白剤）を0.05％に希釈した液での清拭を一日数回行います。なお、次亜塩素酸ナトリウムは刺激が強いので手指消毒には使えません。直接触れないようビニール手袋を使用します。腐食作用や漂白作用があるので、金属部分を次亜塩素酸ナトリウムで清拭した場合は、清拭後に清潔な布や紙で水拭きをします。変色・変質を起こす材質もあるので、製品の説明をよく読んでから使いましょう。このような「ちょっと」の積み重ねがあってこその感染予防策です。ちょっとの手抜きがそれまでの積み重ねを台無しにしてしまうことがないように、継続することが大切です。

② 災害対策

　台風による河川の氾濫をはじめ、大雪や地震、火山の噴火や土石流など、最近は大きな自然災害がたびたび各地で起きています。こども達が事業所を利用している時間帯に災害が起きても、こども達のいのちを守るための備えは十分にできているでしょうか。また、地域が広く災害に見舞われても、放課後等デイサービスをはじめとする発達支援や家族支援等の事業を継続することができるでしょうか。国は、災害発生時に適切な対応を行い、その後も利用者に必要なサービスを継続的に提供できるようにするために、すべての障害福祉サービス等事業者を対象に、運営基準において、業務継続に向けた計画等の策定や研修の実施、訓練の実施等を義務付けることとしています。これは経過措置（準備期間）を設けており、令和6年度から義務化されます。

　業務継続計画（BCP：Business Continuity Plan）とは、災害や感染症等の非常事態においても通常通りに業務を実施できるようにあらかじめ備え、また業務が中断した場合でも優先業務を実施することができるようにあらかじめ検討して計画書としてまとめておくものです。

1. 業務継続計画（BCP）について

　BCPにおいて重要な取り組みとして、厚労省の「障害福祉サービス事業所等における自然災害発生時の業務継続ガイドライン」（174ページの「情報クリップ」参照）には

- 各担当者をあらかじめ決めておくこと（誰が、いつ、何をするか）
- 連絡先をあらかじめ整理しておくこと
- 必要な物資をあらかじめ整理、準備しておくこと
- 上記を組織で共有すること
- 定期的に見直し、必要に応じて研修・訓練を行うこと

等があげられる、とされています。

　上記のガイドラインを参考にしつつ、災害への対策を具体的に考え、少しでも行動に移していきましょう。とくに、安否確認の方法と手順、避難所の確認・確保が、平時から着手しやすく、実際の災害の際に生きる対策です。

2. 事前対策—ハザードマップを見ることから

　自分の事業所の災害リスクを知るには、自治体が出しているハザードマップを見るのがいちばんです（自治体の配布資料や自治体ホームページからも「ハザードマップ」が探せます）。大

雨等で浸水の可能性が高い地域、土砂災害の可能性が高い地域、地盤が弱い地域、津波災害警戒区域、地震の時の火災が広がりやすい地域 (木造住宅密集地域) などがわかるようになっています。リスクがわかれば備えることができます。事業所の環境を災害に備えて整えましょう。

　水害のリスクがある地域ならば、事業所のどちらから水が来るのか。水害や土砂災害のリスクの高い土地に事業所があるのであれば、大雨が降って危険性が高まるときには、予防的に事業所を休業する決断も必要です。その際の基準（例えば午前 10 時の時点で気象に関する警報が発令されている場合は午後の受け入れを中止するとか、予想積雪量が○○ cm を超えたらその日の受け入れを中止する、など）をあらかじめ設けて保護者と共有しておく必要があります。また、サービス提供中に気象に関する警報が発令された場合は、保護者に連絡して迎えをお願いするか、迎えの安全確保ができない場合は、引き続き事業所でこども達の安全確保をしつつ預かる（その際は発達支援は行えないということも伝えておく）といったことも、利用を開始する前に保護者に説明し、理解を得て協力を約束してもらいます。

　また、ハザードマップにかかわらず、地震への備えは欠かせません。家具や設備、機器の固定はできているでしょうか。壁に固定することが難しい場合には揺れを吸収する耐震ジェルマットを敷いておくことで家具等の転倒リスクを減らすこともできます。棚の上の本や遊具が落ちてこないように扉をつけるとか、高いところには物を置かないといった工夫も必要です。

　災害時にどこの避難所を利用するのか、そこに至るまでのルートも確認しておきましょう。放デイを利用するこどもの中には、環境の変化に弱いこどももいます。定期的に避難ルートを散歩して、ルートと避難所そのものにも慣れておきましょう。職員は、避難途上に倒れそうなブロック塀や古い家屋がないかなど、避難訓練の時などに危険個所を確認しておきます。避難する場所やルートについては、保護者とも、口頭ではなく地図で共有し、実際に一緒に行ってみるなどして、いざというときは迎えに来てもらう場所として共有しておきます。

3. 安否確認、安全確保

　2019 年の台風 19 号の災害では、長野県をはじめ東日本の各地で水害が発生しました。東日本大震災はもちろん、熊本地震や、その後のいくつもの自然災害を通して、障がいがあるこども達の避難の難しさを、関係者はみな痛感しています。

　災害発生後、まず行うべきは安否確認です。その安否確認を誰がするのか、その報告を誰に届けるのか、それを平時から決めて、保護者や学校と共有しておかなければなりません。

　事業所の利用登録児のすべての安否確認を誰が行うのか。多くは児童の在籍する学校が行います。しかし、災害が広範囲に及ぶものであれば、学校も、もちろん教職員も被災している可能性があります。非常時の安否確認については学校だけではなく、放課後等デイサービスなどの通所支援事業所も安否確認作業を分担できるよう、こどもごとに対応策を学校と話し合っておきましょう。

そのために活用できるのが、また、ハザードマップです。自治体が出しているハザードマップに、こども達の通う学校や利用している他の通所事業所、こどもの自宅をプロットしておきましょう。その際、こどもの障がいの程度に応じて、避難行動の難しさといのちの危うさをレベルによって色分けして、地図上でわかるようにしておきます。

例えば、赤＝医療的ケアが必要な児童生徒、黄＝肢体不自由があり走って逃げることが困難な児童生徒、緑＝行動障がいやコミュニケーションの困難さがある児童生徒、青＝コミュニケーションも避難行動も問題ない児童生徒というように色分けした点がハザードマップ上にあることで、安否確認の優先順位がわかります（図 8-1 参照）。

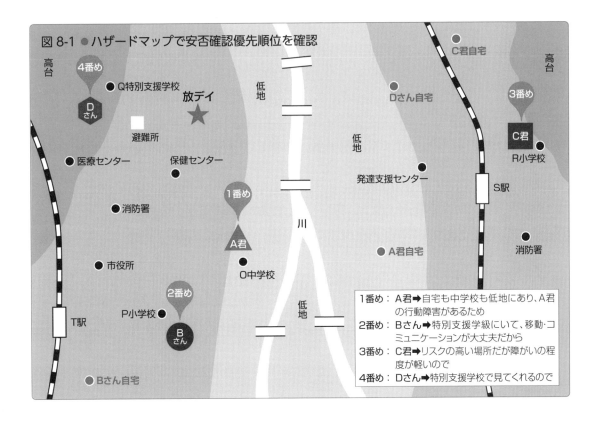

図 8-1 ● ハザードマップで安否確認優先順位を確認

1番め：A君➡自宅も中学校も低地にあり、A君の行動障害があるため
2番め：Bさん➡特別支援学級にいて、移動・コミュニケーションが大丈夫だから
3番め：C君➡リスクの高い場所だが障がいの程度が軽いので
4番め：Dさん➡特別支援学校で見てくれるので

安否確認が取れたら、市町村の災害本部、もしくは地区担当保健師と各学校に報告することが想定されます。報告先はこどもの住む地域によって違うのであらかじめ市町村に確認しておきましょう。

利用児童とは別に、職員間の安否確認方法も決めておきます。事業所が災害リスクの少ない場所に位置しており、施設の耐震性とバリアフリーが確保されていて近隣に危険物を扱う施設などがなければ、「福祉避難所」としての指定を受けることもできます。その際には、事業所スタッフの誰が、災害時に事業所に駆けつけて避難所として開所し、避難してくる人達に対応するかを決めておきます。

4. 避難する先はどこか—福祉避難所も視野に

　災害発生時、どこに避難するかは、市町村によってあらかじめ定められています。災害時によく報道される小中学校の体育館や公民館がイメージされるでしょう。しかし、年齢にかかわらず障がいのある人達、とくに行動障害があったり、医療的ケアが必要であったりする人達にとっては、大勢の人が集まっている避難所は非常に居心地が悪く、場合によってはいのちを支えるケアを受けることができないこともあります。周囲の人達にとっても、ただでさえ不安な災害時に、特別な配慮を必要とする人がそばにいることが心身の負担になることも考えられます。そこで、特別な配慮を必要とする人達のために設けられるのが福祉避難所です。

　2021（令和3）年5月に改定された「福祉避難所の確保・運営ガイドライン」（174ページの「情報クリップ」参照）によると、市町村は「指定福祉避難所」を、一般的な避難所「指定避難所」と分けて指定し、公示することになっています。福祉避難所は入る人が限られるため、災害時に一般の人達が避難してくることがないように、平時から「ここは指定福祉避難所で、受け入れ対象者は障がい児・者（あるいは、高齢者、妊産婦・乳幼児等）です」と公示します。

　特別支援学校は、通学しているこども達や卒業生達にとっては通い慣れた安心できる場所です。指定福祉避難所として指定する場合は「在校生、卒業生および事前に市町村が指定した者」などの受け入れ対象者を明示しておくことで、行動障がいがある子、医療的ケアが必要なこども達にとっての安全安心な避難先となります。

　かつては、特別な配慮を要する人達も一般避難所にいったん避難して、そこで安心安全が確保されない場合に別途、福祉避難所が設けられ、特別な配慮を要する人達がピックアップされるかたちで福祉避難所に避難するという流れになっていました。しかし、複数の災害を経験して、障がいのあるこどもと家族に何度も移動を強いるやり方は大きな困難が伴うことがわかり、福祉避難所をあらかじめ設けておくという仕組みになりました。

　いずれの福祉避難所でも、受け入れるのは特別な配慮を必要とする児・者だけではなく、その家族まで含めて差し支えないとされています。その分人数が増えることを考えて、避難生活の持続と感染対策のために広いスペースが確保されなければなりません。また、医療機器を使用する人達の避難を受け入れる場合には、十分な電源の確保が必須となります。

5. 電源の確保

①停電への備え

　半日以上の停電ともなると、医療機器を使用している人にとってはいのちに関わることにもつながりかねません。事業所では蓄電池（バッテリー）を用意しておき、平時から定期的に充電しておくと安心です。事業所間で、あるいは公共機関とあらかじめ協議して、停電の際には

蓄電池への充電をさせてもらえるよう、相互の協力体制を作っておくと安心です。また、地域ごとの電力会社のホームページから、停電と復旧見込みの情報を得ることができます。

②車から電気を取り出す

最近では、電気自動車 (EV) が、災害時には頼れる「走る蓄電池」として期待されるようになってきています。発電機はガソリンが必要ですが、災害時にはガソリンの供給が確約されませんし、大量に備蓄しておくとかえって危険です。多くの車にはアクセサリーソケット（シガーソケット）があり、そこから電気を取り出すことができます。家庭で使用している機器を接続する場合、電流を変換するカーインバーターが必要です。シガーソケットの DC12V を家庭用電源と同じ AC100V に変換すれば、車内で家電が使用できます。ただし、医療機器はじめ精密機器に直接つなぐことは推奨されていないので、外部バッテリーの充電に使うとよいでしょう。また、スマートフォンやタブレット端末の充電口としても使えます。充電口にするときは、USB 接続が可能な充電コードと USB ポートを備えたシガーソケットチャージャーを使用します。必ずエンジンを先に駆動させてから、機械につなぎましょう（「災害時における電動車の活用促進マニュアル」2020 年より。174 ページの「情報クリップ」参照）。

③ こどもの体調急変時の対応

1. 事例を通して考える

放課後等デイサービスでも医療的ケア児等の受け入れが広がっています。吸引や注入は必要なくても、心疾患や内臓の慢性疾患があり、医療の知識をもって見守り、支援する必要があるこども達も増えています。こういった医療的ケア児等の地域生活支援、これはまさに「小児在宅医療」です。したがって医療安全というものの認識が必須になってきます。

子育てと医療が同居している、そして日常生活の場が医療現場でもあるのが小児在宅医療ですから、医療的ケア児等の支援を行う際は、常に、この体制は安全なのかどうか、いのちを守れるのか、いざというとき対応できるか、といった認識が非常に重要です。したがって、こどもの主治医、事業所の嘱託医、看護職やリハビリテーション専門職などからの知見、認識を尊重し、非医療職も医療的事項を理解したうえで日々の支援を行う必要があります。

事例 ▶ 8-1 気管カニューレが抜けたら

小学校の特別支援学級２年生のミク君（男子）。気管軟化症のため気管切開をしています。

吸引が必要なので、ミク君が事業所に来る曜日には医療連携体制加算（176ページの資料参照）を使って看護師に来てもらっています。その日、学校からの引継ぎでは、体育の授業でマット運動をがんばったということでした。

　その日、事業所に来ていた5年生の女の子も学校の体育でマット運動をやったようで、おやつの後に開脚やブリッジをして、体の柔軟性を見せてくれました。若手の支援員も一緒に遊んでいると、ミク君も仲間入り。ブリッジに挑戦したところ、気管カニューレが抜けてしまいました。

　抜けたことに気づいた本人は「抜けた！」とかすれた声で叫び、泣き出しました。しかし、カニューレの下に挟み込まれているガーゼに隠れて、カニューレがどうなっているのかが職員にはわかりません。

　看護師がすぐ来て「入れなおすよー」と声をかけてくれました。職員はほかのこども達がびっくりしないように、隣の部屋に移動するように声をかけ、間仕切りを閉めました。ほかの職員は看護師の処置を見ています。ガーゼを外してみたところ、首紐が緩んでカニューレが浮いたようになっているので、看護師はそのまま入れようとしますが、本人が泣いてパニックになってしまい、看護師の手を振り払います。

　看護師はしばらく本人を落ち着かせようとしますが、本人の呼吸は浅く早く、顔色が白くなり、唇の色も青くなってきました。数分たったところで「救急車呼ぼう」と看護師が言いました。施設長は戸惑った様子でしたが、若手支援員がスマートフォンで119番通報しました。しかし、気が動転して、電話のやり取りはしどろもどろになってしまいます。住所を尋ねられてもすぐに出てきません。幸い、スマートフォンのGPS機能が有効になっていたので消防の通信指令室の方で場所を確認してくれました。こどもの状況を詳しく尋ねられても、意識や呼吸の有無を答えることができません。看護師に尋ねますが、処置に忙しい看護師は「呼吸はしてる」と一言返事したのみで、電話を代わってもらうのは難しそうです。通信指令室からは、すでに救急車が出動したことが知らされ、10分ほどで到着するので救急車が近づいたらわかりやすいところまで出て誘導するよう指示がありました。

　…ここまでのやり取りで支援員は汗びっしょりで、座り込んでしまいました。

　看護師が念のためAEDを持ってくるよう職員達に言いました。AEDは玄関と事務室の間にあるので、パートの支援員が取りに行きましたが、AEDボックスを開けたとたんにピー！とけたたましい音がするので、驚いて扉を閉めてしまいました。気を取り直してAEDを取り出して「現場」に持ってきました。ミク君はぐったりしています。「心臓マッサージしますか？」施設長はおずおずと尋ねますが、看護師は聴診器を使っている最中なので答えません。

　「アンビュー持ってきて」「吸引します」看護師はカニューレの再挿入に成功したようです。職員はアンビューバッグ（バッグバルブマスク＝手動人工呼吸器）がどこにあるのかわかりません。吸引機は居室の棚にあるので看護師が自分で持ってきました。施設長がミク君の荷物置き場からアンビューバッグをようやく持参して、看護師が吸引と呼吸補助を行います。

　看護師以外の職員みんなが焦っているうちに救急車のサイレンが聞こえてきました。119

番通報した支援員は外へ迎えに出ました。到着した救急隊員はミク君の様子を確認。看護師から状況を聞き取りました。看護師は「カニューレは再挿入しました。サチュレーション75まで落ちましたが94まで回復しています」と救急隊員に報告。救急隊はさらに聞き取りを行います。こどもの名前、年齢、生年月日、住所、基礎疾患の有無、発作の様子、主治医の医療機関、カニューレ再挿入までの時間など、畳みかけるような質問に、看護師でも答えられないことがたくさんありました。

　施設長はミク君の主治医から出されている指示書と医療情報を事務室のファイルの中から探そうとバタバタしています。そのうち、ミク君が目を開けました。ぼーっとした表情で、疲れ切った様子です。支援員はミク君のカバンに入っている「お薬手帳」を思い出し、すぐに取り出して救急隊員に渡すと、そこには保護者があらかじめ記入した必要な情報がありました。ここで、もう一人の支援員は保護者に連絡しなければならないことに気づきました。施設長に確認すると、「すぐ連絡して！」と施設長は言いましたが、支援員は「施設長がした方がいいんじゃないの？」と言い返しています。

　救急隊は緊急搬送先として「お薬手帳」に記入されているA市立総合病院に連絡、搬送先として決定、即刻「搬送します」と出発しました。看護師が「救急車に同乗します」と自発的について行ってくれました。

　救急車のサイレンと救急隊員の様子に、ほかのこども達もパニックになったり、耳をふさいで泣き出したりする子もいました。緊急搬送までの間、ほかのこどもの対応にあたったのは職員一人だったので対応しきれず、その日はすべてのこどもの保護者に早めに迎えに来てもらいました。

　ミク君が意識を取り戻したからよかったのですが、備えが不十分であったために手際の悪い対応になってしまった事例と言えます。医療的ケアの有無にかかわらず、こどものケガや思わぬ事故など、緊急対応が必要になる可能性があります。この事例を参考に、適切な緊急対応に必要なことを考えてみましょう。

①やるべきことがわかっていなかった

　「救急対応は看護師の仕事」というイメージで役割分担を考えていたために、実際にこどもが急変すると何をすればいいのかわからず、職員みんなが「指示待ち」になってしまいました。こどもの特性に応じた急変リスクを考えて、対応をあらかじめ想定し、看護師でなければできないこと、それ以外の職種でもできることを普段からみんなで理解して、役割分担を考えておくことが必要です。「緊急時ミッション一覧」（170ページ）を作って緊急時に備えているところもあります。

　この事例では施設長が救急要請をためらったところにも問題があります。ご近所から「救急車が来た＝安全ではない」と思われては困るからと「救急車はできるだけ呼ばない」とする施

設もありますが、それは全くの間違いです。職員だけでは手に負えないと思ったら救急車に来てもらって医療機関に搬送しなければなりません。自分達だけで何とかしようという考えこそ危険です。救急車をためらいなく呼ぶためにも、その準備をしておくべきです。

②情報を提供する準備ができていなかった

119番通報に慣れている人はいません。たいていはパニックになってしまって、整然と答えることは難しいものです。事業所の住所、電話番号、緊急車両が来る際に目印になる建物や看板などの基本情報を、すぐに見られるようにしておけば落ち着いて対応できます。

緊急時ミッション一覧

①	119版通報（救急車を呼ぶなら「救急です」と答える）	●住所など ここは放課後等デイサービス○○です。 住所は○○市○○町123-4 （目印は★★の看板です） 電話は012-345-6789 ●こどもの情報 年齢（学年）、性別 病歴（例：低出生体重児で気管軟化症です） 既往歴や手術歴（例：気管切開をしています） 現在のこどもの状態（いつから、現状、呼吸、意識、体温） 対応（例：看護師が対応しています） 救急搬送先（例：××赤十字病院で受入れの約束をしています）
②	救命措置 医療的ケアの必要物品の準備	●医療・医療的ケア（医療職が担当） 吸引、手動人工呼吸、カニューレ再挿入、投薬 など ●誰でもできること 必要物品の準備、医療職の補助 必要があれば胸骨圧迫 など
③	ご家族に電話（緊迫した言い方は×）	○○さんのお母さん（お父さん）ですか？ 放課後等デイサービスの○○（自分の名前）です。 今、電話をして大丈夫な環境ですか？ ご連絡したいことがあるので、安全な場所に移動してもらってもよろしいですか。 ○○さん（こどもの名前）の具合が悪くなり、今救急隊に連絡しながら対応しています。（具体的な状態を簡潔に伝える） こちらには何分ぐらいで来られますか？ （あるいは「搬送先は○○病院です。病院のほうへ来ていただけますでしょうか？」） あわてずに、気をつけていらしてください。
④	AED準備	持ってくる、広げる、つなげる
⑤	他児の安全確保と救急隊誘導	他児を救急隊員の通路から離す（別室へ連れていく） こどもの発作等に注意
⑥	記録をとる	メモ、スマホの動画でもよい

こどもの基本情報も、誰でも答えられるように一元化してまとめて、在処をみんなで把握しておきます。

利用児の基本情報は個人情報だから、と事務室の棚に大切に保管してあるという事業所も多く見受けられますが、緊急搬送の際に、本人と本人の情報が一緒に医療機関に届けられなければ迅速に適切な処置や医療行為ができません。緊急搬送に備えて必要な情報をまとめておき、その日利用するこども達の情報は、こども達のいる場所に用意しておきましょう。「救急情報提供票」（171ページ）を参考にしてください。

③誰が指示を出すのかが不明確だった

看護師は救命のために行うべき緊急対応をわかっていることが多いのですが、看護師が"司令塔"になってしまうと救命行為に集中できません。できれば第一発見者が人手を集め、集まった人にとるべき対応を指示することができるように、職員全員が訓練、準備しておくべきです。

救急情報提供票

基本情報

氏名(ふりがな)			年齢		歳	男　女
電話番号			生年月日	年　　月　　日		
住所						
病歴	例：低出生体重児、気管軟化症		既往歴・手術歴	例：気管切開		
意思の疎通	例：言語で表示可能		姿勢・歩行	例：問題なし		
お薬	お薬手帳（有・無）		アレルギー	ない・ある（例：大豆）		
お薬・ケアの禁忌事項	例：易感染					
かかりつけの病院			担当医師			
連絡先	ご家族の指名			電話		
	住所	例：母勤務先 ○○会社 ○○市○○町				

救急搬送のことがら

急変・ケガの発生を目撃しましたか？	はい（　　　　日　　　　時　　　　分ごろ）　いいえ
普段の状態を最後に確認したのはいつですか？	日　　　　時　　　　分ごろ
最終の飲食はいつですか？	時　　　　分ごろ　飲食したもの（　　　　　　　　　　　　）
発症または発見時の状況、主な訴えや症状など	□いびき様呼吸　□呼吸苦　□胸痛　□頭痛　□発熱　□けいれん　□顔面蒼白　□冷や汗　□嘔吐・吐き気　□失禁

記入者

④物の準備ができていなかった

「アンビューを持ってきて」「吸引機を！」と言われても、それがどんなものでどこにあるのかわかっていなければ動けません。医療的ケアに用いるモノの名前、置き場所、使い方（準備や必要物品なども含めて）を理解しておきましょう。支援者がそれらを使って医療的ケアをするわけではありませんが、前後の動きを理解するために、使い方を知っていることが重要です。

⑤記録をとれていなかった

急変や事故はいつ、何をしているときに起こったのか、それに対していつどのような対応を行ったのか、その情報は救急搬送先の医療機関で救命措置を行ううえで非常に重要です。また、最悪の場合でも、「やるべきことをやった」という記録は、看護職や事業所職員、事業所全体を守ることにもつながります。発生時からの流れを時間を追って記録する練習を職員全員で行っておくとよいでしょう。

⑥指示と応答があいまいだった（クローズド・ループ・コミュニケーションができていなかった）

"司令塔"が指示を出しても、それを受けた人が指示を受けた、ということを表明しなければ、指示はふわふわと消えてしまいます。先の事例では、保護者への連絡は結局その場ではできませんでした。「119番通報してください」と言われたら「○○（＝自分の名前）、119番通報します」と言ってその通りに行動し、終わったら「119番通報終わりました」と報告します。指示・命令と返答、報告が閉じた輪＝ closed loop communication になることで、「このことは○○さんに任せたから大丈夫」という認識が支援者全員に共有されます。そうすると、

各自が「自分の」やるべきことに集中できるのです。

2. 事前にリスクを把握する

　事業所に、医療的ケアが必要なこども、あるいは特性からケガや発作の可能性が大きいこどもがいたら、そのリスクを職員全員が知っておく必要があります。漠然としたイメージしかもっていないと、こどもが急変した際に何が起きているか理解できず、対応することができません。

　事業所の利用児一人ひとりについて、急変や事故のリスクについて、どのくらい把握できているでしょうか。どのような急変が想定され、その場合にやるべきことは何なのか、そして誰がそれをやるのか、決めているでしょうか。

　医療行為や医療的ケアは看護職（医療職）が行います。吸引、胃ろうからの注入、気管カニューレや胃ろうのチューブが抜けたときの再挿入、アンビューバッグによる呼吸の介助などです。もちろん、抜けたカニューレをその場で清潔に即入れられる、と判断したら、看護師を呼ぶより早く職員が自分で挿入しても罪には問われません。看護師には事後報告してその後の対応をしてもらいます。いのちを守るのは看護師だけの仕事ではないのです。AED の操作や胸骨圧迫（いわゆる心臓マッサージ）は誰でもできます。家族への説明や 119 番通報も誰でもできます。事業所やこどもについての基本情報がまとめてあれば、119 番通報はあわてずに行えますし、「落ち着いてできた」という経験が自信となって蓄積されていきます。

3. 「情報」と記録の重要性

　事業所やこどもの基本情報をまとめておくだけでなく、発生時からの流れを記録にとっておくことで、救急隊が到着してから搬送するまでの「現場滞在時間」を大幅に短縮できます。

　先の事例であれば、○時○分ごろ本人が抜けた！と叫んだ、その後、○分には呼吸苦があって顔面蒼白で苦しそうにしている、その時の SpO_2 が 75。その後○分ごろ再挿入を試みて、○分ごろ吸引をやって、○分にアンビューバッグで呼吸補助をしたところ SpO_2 が 94 に上昇、でもそのあと時間がたっても変化がない、といったことを、メモを取ってください。字が乱れていても構いません。

　救急隊が到着したときに「これがこの子の基本情報です」「発生時からの流れはこのメモの通りです」と手渡してもらうだけで、救急隊が聞き取りに要する時間が大幅に短縮されます。緊急時、この時間の短縮が救命の可能性を向上させます。

4. 緊急搬送先の確保

　基本情報の中に含まれるべきことですが、あらかじめそのこどもの緊急搬送先が明確になっ

ているということも重要です。主治医のいる医療機関が「何かあったらうちにおいで」と決め
てくれていれば安心です。新型コロナウイルスが席巻している状況では、救急隊が搬送先を探
すのに時間がかかってしまうということも起こり得ます。あらかじめかかりつけの医療機関に
は救急搬送時の対応をお願いしておきます。

5. いざというとき生きるチームワーク

　事業所には多様な職種、多様な立場の職員がいます。保育士、児童指導員、看護師、リハビ
リテーション専門職、事務職員…。若い職員やベテランの職員、大柄な人もいれば小柄な人も
いるでしょう。緊急時、こどもの急変や災害、事故などの時にこの職員チームの本来の力が発
揮されます。

　「チーム」とは、多様な専門性、得意分野をもつ人が集まって、共通の目的のために情報を
共有し、互いの専門性や得意分野と果たしうる役割を理解しあったうえで、「助けて」「任せて」
とそれぞれが専門性や特性を生かして力を発揮することで補完・協力して、共通の目的を達成
していける対等な関係性のことです。

　あなたは自分の専門性や得意分野を自分で明確にできていますか。同時に自分の「できない
こと」も自覚し、ほかのメンバーに正直に「できません」「わかりません」と表示できますか。
専門性とできることできないことを明示しなければチームの一員として機能できません。また、
他のメンバーの専門性や得意分野を理解していますか。これはあの人にお願いすれば大丈夫、
ということを互いに理解しておけば、いざというときに「お願い！」と迷いなく頼れます。

　もちろん、チーム、組織であればリーダーや長がいます。それは、役割の上下ではなく、チー
ムで共有した情報から情勢を判断し、意思決定を下しその責任を負うという役割をもっている
という意味での「リーダー」であり「長」なのです。リーダーも長も、自らの専門性と特性（経
験が豊富とか、肩書があるとかも含めて）を発揮してその役割を果たす、という意味では、チー
ムメンバーと同じです。

　地域もまた同じです。個々の事業所がどんなにがんばっていても、地域全体での平時からの
事業所間ネットワーク、学校との連携などができていなければ、それぞれの支援や指導がつな
がらず、地域全体でこどもを支えることができません。多様な事業所や学校、保育所、さらに
は生活介護事業所や医療機関、救急隊のいる消防署といった機関との連携があれば、こどもの
急変、災害時や感染症が拡大するという非常時であっても、どうにか事業を継続し、絶えず成
長を続けるこども達とその家族に、なんらかの支援を届けることができます。

　事業所内では職員相互の、地域でも多様な施設、機関とのGood Teamを作りましょう。

情報クリップ

　事業所の開設・運営や、災害対応、医療的ケア児の受け入れにあたり、事前の準備が必要なものがありますので、以下を参照してマニュアル作成、書類・情報の整備、職員研修などを行いましょう。

①障害福祉サービス施設・事業所職員のための感染対策マニュアル（通所系）
　https://www.mhlw.go.jp/content/12200000/1225_tuusyo-2_s.pdf

②障害福祉サービス事業所等の新型コロナウイルス感染症発生時の業務継続ガイドライン
　https://www.mhlw.go.jp/content/12200000/000712997.pdf

③障害福祉サービス事業所等における自然災害発生時の業務継続ガイドライン
　https://www.mhlw.go.jp/content/12200000/000756659.pdf

④福祉避難所の確保・運営ガイドライン
　https://www.bousai.go.jp/taisaku/hinanjo/r3_guideline.html

⑤災害時における電動車の活用促進マニュアル
　https://www.meti.go.jp/press/2020/07/20200710006/20200710006-1.pdf

⑥障害児通所支援事業所等における安全な医療的ケアの実施体制のための手引き
　https://www.mizuho-ir.co.jp/case/research/pdf/r02shogai2020_0202.pdf

【参考文献】
● 亀井智泉（一般演題 P-6-07）「医療的ケア児等の災害対策―フローチャートによる平時からの備え―」『日本重症心身障害学会誌』2019 年 44 巻 2 号 p.444

令和3年度障害福祉サービス等報酬改定における変更点
（放課後等デイサービス部分）

1. 放課後等デイサービスの報酬体系等の見直し

○放課後等デイサービスについて、現行の事業所を2区分に分けて報酬設定する方法（※1）を改め、**より手厚い支援を必要とする子どもに応じて、きめ細かく以下の加算を算定。**
① 個別サポート加算Ⅰ：**ケアニーズの高い児童（著しく重度および行動上の課題のある児童）**への支援を評価
② 個別サポート加算Ⅱ：**虐待等の要保護児童等**への支援について評価
③ 専門的支援加算　　：**専門的支援を必要とする児童**のため専門職の配置を評価（※2）

> （※1）現行は、一定の指標に該当する障害児の数が5割以上である場合を「区分1」、5割未満を「区分2」として、基本報酬を2段階に設定
> （※2）理学療法士、作業療法士、言語聴覚士、心理指導担当職員、国リハ視覚障害学科履修者を常勤換算で1以上配置した場合に評価

○また、支援の質を向上させるための従業者要件の見直し（障害福祉サービス経験者を廃止）を行う。（経過措置有り）
○さらに、難聴児の早期支援に向けて、児童指導員等加配加算の対象資格に手話通訳士および手話通訳者を追加する。
○基本報酬および児童指導員等加配加算の単位数については、経営状況を踏まえ見直し。

現行

区分1

加算
- 1.理学療法士等 209単位 / 2.児童指導員等 155単位 / 3.その他 91単位 — 児童指導員等加配加算Ⅱ
- 1.理学療法士等 209単位 / 2.児童指導員等 155単位 / 3.その他 91単位 — 児童指導員等加配加算Ⅰ
- 9単位 — 児童指導員等配置加算

基準人員
- 《基本報酬》授業終了後【1-1】660単位【1-2】649単位 休業日 792単位 — 障害福祉サービス経験者 / 保育士 or 児童指導員 / 児童発達支援管理責任者 / 管理者

区分2

加算
- 1.理学療法士等 209単位 / 2.児童指導員等 155単位 / 3.その他 91単位 — 児童指導員等加配加算Ⅰ
- 9単位 — 児童指導員等配置加算

基準人員
- 《基本報酬》授業終了後【2-1】612単位【2-2】599単位 休業日 730単位 — 障害福祉サービス経験者 / 保育士 or 児童指導員 / 児童発達支援管理責任者 / 管理者

------- は対象児童数により増減

見直し後

加算
- 100単位 — ①個別サポート 加算Ⅰ　①個別サポート 加算Ⅰ　①個別サポート 加算Ⅰ
- 125単位 — ②個別サポート 加算Ⅱ　②個別サポート 加算Ⅱ　②個別サポート 加算Ⅱ
- 理学療法士等 187単位 — ③専門的支援加算
- 1.理学療法士等 187単位 / 2.児童指導員等 123単位 / 3.その他 90単位 — 児童指導員等加配加算

基準人員
- 《基本報酬》授業終了後 604単位 休業日 721単位 — 保育士or児童指導員 ※障害福祉サービス経験者の経過措置有り(2年) / 児童発達支援管理責任者 / 管理者

※区分分け廃止

※単位数は障害児（重症心身障害児を除く）に対し授業終了後に指定放課後等デイサービスを行う定員10名以下の場合を記載
※上記図の高さは単位数とは一致しない

2. 医療的ケア児者に対する支援の充実

■看護職員の配置に関する改定項目（放課後等デイサービス部分）

	サービス名	項目	改定概要
障害児	児童発達支援 放課後等デイサービス	基本報酬の新設 （一般事業所）	いわゆる「動ける医ケア児」にも対応した新たな判定スコア（141ページ）を用い、医療的ケア児を直接評価する基本報酬を新設。医療濃度に応じ、「3：1（新スコア15点以下の児）」「2：1（新スコア16〜31点の児）」または「1：1（新スコア32点以上の児）」の看護職員配置を想定し、当該配置を行った場合に必要な額を手当て。
		看護職員加配加算の要件緩和（重心事業所）	看護職員加配加算の要件を、「8点以上の医療的ケア児5人以上」から、8点以上の児に限らずに「その事業うぉの医療的ケア児の合計点数40点以上」に見直し。
		看護職員の基準人員への参入	看護職員（※）について、現行の機能訓練担当職員の配置要件と同様に、配置基準以上となる従業者の員数に含めることを可能とする。 （※医療的ケア児の基本報酬または看護職員加配加算の対象としている場合を除く）
共　通	サービス共通（短期入所・重度障害者包括支援・自立訓練（生活訓練）・就労移行支援、就労継続支援、共同生活援助、児童発達支援、放課後等デイサービス）	医療連携体制加算	・従来、看護の濃度にかかわらず一律単価であった加算額について、医療的ケアの単価を充実させ、非医療的ケア（健康観察等）の単価を適正化。また複数の利用者を対象とする健康観察等は短時間の区分を創設することにより適正化。

3. 医療連携体制加算とは

　医療機関等との連携により、看護職員が事業所を訪問して障害児に対して看護を行った場合や介護職員等に痰の吸引等に係る指導を行った場合など、以下の単位で加算がなされます（放課後等デイサービス部分）。

区　分	加算単位数	要　件
医療連携体制加算（Ⅰ）	32単位/日	医療的ケアを必要としない利用者に対する看護であって、看護の提供時間が1時間未満である場合
医療連携体制加算（Ⅱ）	63単位/日	医療的ケアを必要としない利用者に対する看護であって、看護の提供時間が1時間以上2時間未満である場合
医療連携体制加算（Ⅲ）	125単位/日	医療的ケアを必要としない利用者に対する看護であって、看護の提供時間が2時間以上である場合
医療連携体制加算（Ⅳ）	利用者1人＝800単位/日 利用者2人＝500単位/日 利用者3人以上8人以下＝400単位/日	医療的ケアを必要とする利用者に対する看護であって、看護の提供時間が4時間未満である場合
医療連携体制加算（Ⅴ）	利用者1人＝1,600単位/日 利用者2人＝960単位/日 利用者3人以上8人以下＝800単位/日	医療的ケアを必要とする利用者に対する看護であって、看護の提供時間が4時間以上である場合
医療連携体制加算（Ⅵ）	500単位/日 看護職員1人	看護職員が特定行為業務従事者（都道府県の喀痰吸引等研修を受けて認定された者）に喀痰吸引等の指導を行った場合
医療連携体制加算（Ⅶ）	1,000単位/日 就学児1人	特定行為業務従事者が喀痰吸引等を行った場合

資料：厚生労働省「令和3年度障害福祉サービス等報酬改定における主な改定内容」（令和3年2月）、障害者の日常生活及び社会生活を総合的に支援するための法律に基づく指定障害福祉サービス等及び基準該当障害福祉サービスに要する費用の額の算定に関する基準（平成18年厚生労働省告示第523号）
※ 算定報酬には諸条件があるので、最新の法令を確認し、詳細は各自治体にご確認ください。

おわりに

　この本は、放課後等デイサービスをはじめとする、障がい児のための通所支援事業所で働こうという方、これから事業所を立ち上げる方のために、その支援が本当にこども達の伸びる力を助け、ご家族の安心と、だれもが安心して暮らせる共生社会づくりにつながるものになるように制作したものです。

　厚生労働科学研究費補助金による研究を通して、全国の 30 を超える障害児通所支援事業所にお邪魔し、多様な支援を見聞きしてきました。多くの事業所では「うちはまだ手さぐりで…」と言いながら、日々工夫を重ねておられました。支援プログラムの内容はもちろん、家族支援や地域の他機関との連携についても、考えて、話し合って実際にやってみて、失敗して落ち込んだり、うまくいったときのこどもやご家族の笑顔に救われたりする姿に、深い共感と尊敬を覚えました。

　障がい児のための通所支援事業所が増え、支援の質が問われるようになっています。支援の質の良し悪しを決めるのは、こども達です。こども達が楽しんで通う様子、成長する姿、それがご家族の安心と子育ての喜びにつながり、ひいては共にその地域で暮らす人たちにとっての安心や希望にもつながります。そんなよい支援を創る支援者、よい事業所になるためには、教科書や決められた方式はないと思います。失敗から学び、成功体験からよいものをみつけて、よりよい障がい児支援の「手探り」を、あきらめずに続ける力。

　その基盤になるのは、障がいそのものやこどもの発育発達についての基本的な知識と、あそびを通した支援を創出するスキル、そして、こども達の味方でいるための感性です。知識やスキルは教えてもらうことができますが、感性は自分で磨かなければなりません。そして感性は、たくさんのこども達と触れ合い、事例を通して考え、支援者同士で話し合い、励まし合う中でこそ、磨かれていくものだと思います。

　どんなベテランでも日々手探りなのです。障がい児支援という、楽しくて、難しくて、時に苦しくて、でもやりがいのある仕事に、これから取り組む皆さんにも、基本的な知識や技術を身につけるだけでなく、あきらめず、手探りの中で考え続けていただきたいと思います。

　初心者でも、経験が浅くても、支援者はみんなこども達にとって大切な存在です。いろんな支援者がいていいのです。多様な大人との出会いは、こども達に「世の中にはいろんな人がいる」という実感をもたらすとともに、自分もまたその「いろんな」大人の中の一人になればいいのだ、という広い視野を作るきっかけになるでしょう。

　障害児通所支援事業所の役割は今、大きな転換点にあります。これまでのようにこども達の発達支援と家族支援だけではなく、障がい児の地域での自立を支える居場所を広げ、地域の人達の障がいに対する差別や偏見を拭い去る原動力になれるのです。あそびによる発達支援に地域を巻き込んで、こどもと一緒に地域も育つ——地域のインクルージョンを高める役割を担うことで、放課後等デイサービス事業所は、共生社会を支えるインクルーシブな感性を発信する、地域にとってなくてはならない資源になるのではないでしょうか。

編者　亀井智泉

編著者紹介

●編集・執筆

亀井智泉（かめい・ちせん）…第1章、第2章、第3章①⑥、第4章（②-3、⑥以外）、第5章、第6章、第7章、第8章

長野県医療的ケア児等支援センター副センター長。超重症心身障がいの第1子を4歳で亡くしたことを機に、生命倫理・家族支援・チーム医療について発信。高度医療機関と地域をつなぐ活動から、医療的支援の必要な子育てのための多職種連携チーム構築とその後方支援体制づくりを担ってきた。信州大学医学部新生児学・療育学講座特任助教を経て、現職。

●執筆（50音順）

小林敏枝（こばやし・としえ）…第4章②-3

松本大学非常勤講師（元・松本大学教育学部学校教育学科教授）

塚原茂樹（つかはら・しげき）…第3章②～⑤

理学療法士。社会福祉法人萱垣会南信州地域リハビリテーション担当

塚原成幸（つかはら・しげゆき）…第4章⑥

清泉女学院短期大学幼児教育科准教授。道化師。紙芝居実演家。CLOWN LABO PROJECT主宰

●医学監修

福山哲広（ふくやま・てつひろ）

信州大学医学部小児科講師。日本小児神経学会専門医。日本てんかん学会専門医

放課後等デイサービスの豊かなあそびと発達支援
個別支援の充実と地域での自立に向けて

2022年6月20日発行

編　集…………亀井智泉
発行者…………荘村明彦
発行所…………中央法規出版株式会社
　　　　　　〒110-0016　東京都台東区台東3-29-1　中央法規ビル
　　　　　　TEL 03-6387-3196
　　　　　　https://www.chuohoki.co.jp/

本文デザイン・装幀…………ケイ・アイ・エス有限会社
本文イラスト…………ハルカゼ＋シュウイチ
印刷・製本…………奥村印刷株式会社

＊本書は、平成30年度厚生労働科学研究費障害者政策総合研究事業「障害児支援事業所における医療的ケア児等支援人材育成プログラムの開発」（主任研究者・亀井智泉）の成果をもとに制作しました。

定価はカバーに表示してあります。

ISBN978-4-8058-8740-0

本書の内容に関するご質問については、下記URLから「お問い合わせフォーム」にご入力いただきますようお願いいたします。
https://www.chuohoki.co.jp/contact/